Christoph und Utta Häselbarth:

Jesus heilt gerne!

Christoph und Utta Häselbarth

Jesus heilt gerne!
Ratschläge für Gebet um Heilung

2. erweiterte Auflage

Copyright © 2014 Christoph Häselbarth

Vertriebsrechte für DACH: KIE-Media, Görwihl

2. erweiterte Auflage 2015

ISBN (Print): 978-3-944768-06-9
ISBN (eBook): 978-3-944768-07-6

Umschlaggestaltung: Sarah-Kristin Quiring
unter Verwendung von © istockphoto.com/IakovKalinin

Druck: Create Space

Die Bibelzitate wurden, wenn nicht anders vermerkt, der Schlachter-Bibel, Version 2000, entnommen.
Copyright © 2000 Genfer Bibelgesellschaft
Wiedergabe mit freundlicher Genehmigung. Alle Rechte vorbehalten.

Weitere verwendete Bibelübersetzung:

Hoffnung für alle 2002 (HFA)
Copyright © 1983, 1996, 2002 by Biblica, Inc.®
Verwendet mit freundlicher Genehmigung des Herausgebers Fontis – Brunnen Basel

In Klammern gesetzte Ergänzungen in den Bibelzitaten sind vom Verfasser hinzugefügt.
Die Schreibweise entspricht den Regeln der deutschen Rechtschreibreform.

KIE-Media
Michael Kienapfel
Strittmatt 34, D-79733 Görwihl
verlag@kie-media.de

Print-Version erhältlich bei: JOSUA-DIENST E.V.
www.josua-dienst.de / shop@josua-dienst.de

Inhalt

Unsere Heilung ist im Himmel vorbereitet 9

Das Gnadengeschenk der Heilung abholen 10

Glauben an Heilung bewusst aufbauen 12

In glaubensvoller Erwartung bleiben 13

Nochmals: Wie sich biblische Verheißungen erfüllen 16

Der Auftrag, andere zu heilen 17

Gott möchte sich durch Heilungen und Wundertaten verherrlichen 19

Unsere Heilungssalbung nimmt zu 20

Anweisungen der Bibel, wie wir um Heilung beten können 22

    Heilung beginnt im Himmel 22

    Heilung bewusst annehmen 24

    Heilung und Wunder bewusst ergreifen 25

    Es gibt noch mehr als Heilung 26

    Heilung durch die Herrlichkeit des dreieinigen Gottes 27

    Unsere Vollmacht erkennen und ergreifen 28

    Den Krankheitsmächten widerstehen 30

    Dem rufen, was nicht ist, dass es sei 31

    Im Namen Jesu und in seiner Vollmacht beten 33

    Mit Gott über unsere Heilungserwartungen verhandeln 35

    Krankheitsauslöser entmachten 36

    In Freimut zum Thron der Gnade kommen 39

Engelshilfe erbitten 39

Heilung durch das Abendmahl 39

Erlebe das Geheimnis heilender Vaterliebe 40

Ein fröhliches Herz 41

Lebe mit dem Kreuz 42

Wähle das Leben 42

Unsere Sprache beeinflusst unseren
Gesundheitszustand 43

Unsere innere Schaltzentrale auf positiv umstellen 46

Negative Festlegungen entmachten 46

Und der Pfahl im Fleisch? 48

Jesus heilt durch die Kraft des Glaubens 49

Die Kraft des Gebets in Einheit 50

Vorfahrenschuld und Flüche entmachten 51

Heilung durch Salben mit Öl 54

Befreiung von Wassergeistern 55

Spezifisch in das Krankheitsproblem hineinbeten 56

Loslassen von falschen Lasten 58

Gebetsempfehlungen 59

   Dankbar biblische Heilungsverheißungen
   annehmen 59

   Befreiung von krankmachenden Mächten 60

   Vom Sieg Jesu am Kreuz Heilung ergreifen 61

   Meine Heilung mehr und mehr ergreifen 63

   Statt unter Stress unter Heilungsgnade leben 65

   Traumatische Erfahrungen 66

Vorsicht vor Tradition, die Heilung verhindert............67

Heilung behalten 68

Altersbeschwerden – normal? 72

Heilung durch eine erneuerte Gesinnung......................73

Heilung durch Erkenntnis, Weisheit und
Offenbarung 78

Zur Heilung durchbrechen 79

  1. Schau auf Jesus und bete ihn an................................80

    Erbitte, glaube und erwarte immer Jesu
    Heilungsgnade..82

  2. Jesus in dir, die Hoffnung der Herrlichkeit...........83

  3. Lebe mit der Kraft des Kreuzes 85

    3.1 Glaube an die übernatürliche Kraft
    des Kreuzes 88

  4. Weitere biblische Angebote, die wir uns beim
    Gebet um Heilung zunutze machen können........89

    4.1 Sprich zum Berg der Krankheit........................89

    4.2 Widerstehet dem Teufel, so flieht er................90

    4.3 Rufe dem, was nicht ist, dass es sei 92

  5. Über allen Krankheitsnöten dem Herrn
    danken, dass er gern heilt, und ihn preisen..........93

  6. Komm voll Vertrauen zu den besonderen
    Geschenkangeboten Gottes 94

    6.1 Jesu Gnade...95

    6.2 Hilfe durch den Heiligen Geist..........................95

    6.3 Die heilende Kraft des Leibes
    und Blutes Jesu 96

    6.4 Streck dich aus nach Jesu Herrlichkeit............97

6.5 Engel als dienstbare Geister 98

Wie wir zu echten Gebetserhörungen und
Heilungserfahrungen durchbrechen 99

    Beispiel: Wirkungsvoll um Heilung beten 101

Zusammenfassung 102

Zum Abschluss das Wichtigste 105

Dein Leben mit Jesus 105

Literaturverzeichnis 107

    Weitere empfohlene Medien 108

    Bezugsquellen 111

Unsere Heilung ist im Himmel vorbereitet

Wenn wir im Namen Jesu um Heilung beten, werden mehr und mehr Menschen geheilt. Und doch erleben wir, dass manche nicht geheilt werden. Natürlich bewegt uns die Frage, wie auch diese Menschen noch geheilt werden können.

Ein Mann Gottes, Kenneth Copeland, hat Gott gefragt, warum nach Gebet um Heilung manche Menschen noch nicht geheilt werden. Die Antwort Gottes lautete: Von uns aus, vom Himmel aus, werden alle Menschen geheilt, für die um Heilung gebetet wird, aber viele Menschen wissen noch nicht, wie man seine Heilung ergreift und behält.

Jesus Christus hat am Kreuz den Preis für unsere Heilung bezahlt und er hat den Weg frei gemacht, wie wir unsere Heilung im Glauben ergreifen, beanspruchen, vom Himmel auf die Erde herunterholen können – es gilt, das Gnadengeschenk der Heilung *anzunehmen*. Denn: **Jesus trug unsere Krankheit, er nahm auf sich unsere Schmerzen, durch seine Wunden** *sind* **wir geheilt** (siehe Jesaja 53,4–5; Matthäus 8,17; 1. Petrus 2,24).

Aber wie kommt das geistliche Gnadengeschenk der Heilung aus dem himmlischen Bereich zu uns herunter, um sich in uns als körperliche Heilung zu manifestieren? Wir geben in diesem Buch Anregungen, die wir bei Gebeten um Heilung anwenden können, um mehr und mehr Heilungen zu erleben. Wir erwarten und glauben, dass die Christen, die nach diesen Gebetsempfehlungen beten, starke Heilungserfahrungen machen werden.

Wir empfehlen Kranken, sich in ihrer inneren Vorstellung schon geheilt zu sehen und das möglichst sogar in Worte zu fassen. Denn Heilung ist ja ein übernatürliches Gnadengeschenk Gottes. Gott gibt seine Sicht unserer schon geheilten Krankheit in unseren Geist hinein. Wir ergreifen diese innere Schau unserer Heilung im Glauben und die übernatürliche Kraft des Heiligen Geistes lässt die spezifisch erforderliche Heilung zustande kommen.

Auch die um Heilung Betenden dürfen Gott um eine innere Sicht bitten, wie der Kranke sich als Geheilter neu verhalten wird. Wenn die innere Sicht des Kranken und die des Betenden in Einheit zusammen-fließen, wird große Heilungskraft freigesetzt.

Das Gnadengeschenk der Heilung abholen

Von seiner Fülle haben wir alle genommen Gnade um Gnade, d. h. ein göttliches Gnadengeschenk um das andere (siehe Johannes 1,16).

Daraus ergibt sich die Frage: Wie nimmt man spezifische Gnadengeschenke, z. B. Heilung, die wir gerade jetzt benötigen? Das Gnadengeschenk der Heilung ist zuerst ein geistliches Geschenk, nicht ein natürliches. Wir ergreifen es im Geist – aus Glauben –, und dann wird es sich sofort oder prozesshaft in körperlicher Heilung manifestieren. Deshalb sage bitte nach dem Gebet um Heilung: „Ich habe meine Heilung im Glauben angenommen, ob ich es sofort spüre oder nicht."

Ein Beispiel: Die blutflüssige Frau (siehe Markus 5,24–34) sagte sich im Glauben: Wenn ich Jesu Kleid berühre, werde ich geheilt. Sie glaubte an ihre Heilung, wenn es ihr nur möglich wäre, Jesu Kleid zu berühren. Jesus spürte, dass durch ihre Berührung eine geistliche, übernatürliche Kraft von ihm abgezogen wurde. Er fragte: „Wer hat mich berührt?" Das geistliche, übernatürliche Gnadengeschenk der Heilung war von der Frau im Glauben ergriffen worden. Es ging von Jesus weg, er konnte spüren, dass die Kraft von ihm auf die Frau überging. Sie war sofort geheilt. Jesus hat danach die Frau gelobt, indem er sagte: „Dein Glaube hat dich geheilt", das heißt: „Du hast im Glauben dein Heilungsgeschenk ergriffen, es abgeholt."

Dieses Annehmen, Ergreifen, Abholen, Beanspruchen von geistlichen Gnadengeschenken durch einen Akt des Glaubens dürfen und sollen wir alle lernen.

Wie lernt man das?

Zuerst müssen wir wissen, was uns im Wort Gottes eindeutig zugesagt ist, z. B. Vaterliebe (siehe Römer 5,5), Befreiung von Sorgen (siehe 1. Petrus 5,7) oder Heilung (siehe 1.Petrus 2,24).

Dann sagen wir zu uns selbst: Diese Gnadengeschenke liegen für mich im Himmel abholbereit vor. Ich möchte sie unbedingt bekommen, koste es, was es wolle. – Man kann Heilung nicht halbherzig erwarten wollen.

Nun **sagen wir** – hörbar! – zu uns selbst und zu Jesus: „Meine Liebesbeziehung zu dir, Jesus, dein Leben in mir, durch das deine Heilungskraft zu mir strömt, stellt in mir alles wieder her. Du in mir und dein Wort in mir ist die vollkommene Heilung, die ich jetzt als ein Gnadengeschenk dankbar in Empfang nehme. Ich habe somit in der geistlichen Welt Vaterliebe, Befreiung von Sorgen und spezifische Heilung für mich beansprucht und ergriffen. Über kurz oder lang wird es sich in der natürlichen Welt als Wunder einstellen oder sich prozesshaft entwickeln." Das bedeutet: Das Gnadengeschenk der Heilung ist nach meiner Glaubensaussage bereits in mir drin, auch wenn es noch nicht sichtbar und noch nicht spürbar ist – vergleichbar mit einer beginnenden Schwangerschaft. Ich werde es durch anhaltende Glaubensaussagen und durch Dankgebete ständig nähren, bis es zum Zeitpunkt Gottes vollständig zustande kommt.

Glauben an Heilung bewusst aufbauen

Glaube, der Ergebnisse erzielt, kommt zustande, indem du immerzu die Zusagen des Wortes Gottes bewegst, bis sie tief in dir zu einer Herzensüberzeugung geworden sind. Denn Worte ohne Glauben sind ebenso wirkungslos wie Glaube ohne das aus Herzensüberzeugung ausgesprochene Wort (siehe Matthäus 12,34–35).

Wenn du Heilung von einer Krankheit benötigst, wirst du anhaltend z. B. Jesaja 53,5 aussprechen und innerlich bewegen (meditieren). Du sagst dann:

Jesus wurde um meiner Übertretungen willen durchbohrt und wegen meiner Missetat zerschlagen. Um mir Frieden zu bringen, wurde er bestraft. Doch Ehre sei Gott, durch seine Wunden bin ich geheilt.

Wenn du in dieser Weise anhaltend über die Verheißungen nachsinnst und sie aussprichst, werden sie in dir Herzensglaube erzeugen, der Berge versetzt und Heilung bewirkt.

Säe mit deinen Worten das im Herzen gegründete Wort Gottes, und du wirst das ernten, was das Wort Gottes verheißt (siehe Galater 6,7).

Das ist das göttliche Gesetz des Säens und Erntens. Wenn du die Heilungsverheißungen säst, die du im Herzen glaubst, wird die göttliche Saat aufgehen.

In glaubensvoller Erwartung bleiben

Dieses glaubensvolle Ergreifen der göttlichen Gnadengeschenke wird durch den Vers aus Markus 11,24 bestätigt: **Alles, was ihr auch immer im Gebet erbittet** (beansprucht, glaubensvoll erwartet)**, glaubt, dass ihr es empfangt** (oder: empfangen habt)**, so wird es euch zuteilwerden.**

In diesem Vers sind uns Gebetserhörungen sehr eindeutig zugesagt; dennoch behält Gott sich vor, wann und wie er auf unsere Gebete antworten wird. Gott ist in seinem Handeln oft menschlich nicht zu erklären.

Und doch fordert Gott uns in Jesaja 43,26 auf, mit ihm über unsere Gebetsanliegen zu rechten, also zu verhandeln, und ihm Gründe zu nennen, warum er unsere Gebete erhören sollte. (Dieses Mit-Gott-Rechten wird später näher erklärt.)

Dass wir unser Gnadengeschenk der Heilung aus dem Himmel abrufen können, das ist eine steile

Aussage, aber wir möchten sie durch weitere Bibelworte und Erklärungen untermauern.

Zunächst nehmen wir die Aussagen der Bibel in den Blick und erkennen, dass Jesus den Preis für unsere Heilung bezahlt und damit Heilung für uns verfügbar gemacht hat.

Jesaja 53,4–5	„Fürwahr, **er hat** unsere **Krankheit getragen** und unsere Schmerzen auf sich geladen;… er wurde um unserer Übertretungen willen durchbohrt, wegen unserer Missetaten zerschlagen; die Strafe lag auf ihm, damit wir Frieden hätten, und durch seine Wunden **sind wir geheilt** worden."
Matthäus 8,17	„damit erfüllt würde, was durch den Propheten Jesaja gesagt ist, der spricht: »**Er hat** unsere Gebrechen **weggenommen** und unsere Krankheiten **getragen**«."
1. Petrus 2,24	„Er hat unsere Sünden selbst an seinem Leib getragen auf dem Holz, damit wir, den Sünden gestorben, der Gerechtigkeit leben mögen; **durch seine Wunden seid ihr heil geworden**."

In diesen Worten stehen nicht zu hinterfragende Wahrheiten bzw. Tatsachen, die nicht abzuschwächen sind, die Gott uns als Gnadengeschenke zugesagt hat.

Zu diesen Wahrheiten und Tatsachen gehört: Jesus **hat** meine Krankheiten getragen, meine Schmerzen auf sich genommen. Sie sind durch Jesus entmachtet. Jesus hat auch die Sünden und damit in vielen Fällen auch die Krankheitseintrittsanrechte auf das Kreuz hinaufgetragen und damit entmachtet.

Nun erhebt sich die Frage: Wie kommt die Krankheit von mir zu Jesus und die Heilung von Jesus auf mich?

Das ist, wie schon erwähnt, der übernatürliche Schritt, in dem wir **mit Herzensglauben aussprechen**, dass Jesus unsere Sünden und unsere Krankheiten auf sich genommen **hat** und dass er Heilung für uns erworben **hat**. Wir dürfen nun unsere Heilung glaubensvoll ergreifen und sie erwarten. Ob wir es gleich spüren oder nicht, die Heilung ist jetzt als eine göttliche Wahrheit und als eine göttliche Kraft in uns drin. Kann das wirklich so einfach sein? Ja, weil das Wort Gottes es so sagt und weil Gott über seinem Wort wacht, es auszuführen (siehe Jeremia 1,12).

Unsere Logik und unser Verstand haben große Mühe, diesen Tausch am Kreuz als eine Tatsache anzunehmen, die man wirklich erleben kann. Lernen wir von Jesus: Zu den bisher erwähnten Glaubensschritten kommt noch eine göttliche Hilfe, die wir von Jesus lernen können: Jesus blieb immer auf den Vater ausgerichtet und tat nur das, was er den Vater tun sah.

So bleiben wir, während wir um Heilung beten, immer auf Jesus ausgerichtet und erwarten von ihm Weisungen, die wir gerade jetzt in unserer spezifischen Situation benötigen und die uns genau hier weiterhelfen.

Vielleicht sagt Jesus: Halte an der Heilung fest, mein Wort in deinem Herzen und meine Gnade werden Heilung bringen. Das heißt: Lerne glaubensvoll, für die noch nicht sichtbare, aber doch schon geschenkte Heilung anhaltend zu danken.

Vielleicht sagt er auch: Es gibt noch eine alte Verletzung, vergib diese Sache – oder es müssen noch Flüche entmachtet werden, die durch die Schuld unserer Vorfahren auf uns gekommen sind. Oder er zeigt uns, wo wir der Krankheit Anrechte eingeräumt haben. Oft geschieht zunächst innere Heilung, bevor dann die körperliche Heilung erfolgt.

Jesus sagt uns mit einem zusammenfassenden Wort sehr klar die Bedingungen für die Erhörung zu, wenn wir um Heilung beten:
Wenn ihr in mir bleibt und meine Worte in euch bleiben, so werdet ihr bitten, was ihr wollt, und es wird euch zuteilwerden (Johannes 15,7).

Nochmals: Wie sich biblische Verheißungen erfüllen

Wir bleiben noch an der Frage, wie bringe ich die biblischen Zusagen vom Himmel auf die Erde?

Sei dir bewusst, du bist Erden- und Himmelsbürger zugleich (siehe Epheser 1,3 und Kolosser 3,2).

Du hast Zugang zu den Schätzen des Himmels.

Durch deine Gebete und durch dein Verhalten bringst du die für dich bereitliegenden Gnadengeschenke des Himmels auf die Erde (siehe Johannes 1,16).

zum Beispiel:

Versöhnung und Friede statt Unfriede und Streit

Ehren und Auferbauung statt Anklage und Kritik

Zuversicht und Geborgenheit statt Angst und Unsicherheit

Heilung und Wiederherstellung statt Krankheit und Zerbrochenheit

Zusammengefasst: **Wie kommen die im Himmel bereitliegenden göttlichen Lösungen zu dir auf die Erde?**

- Kenne die göttlichen Verheißungen.
- Lebe mit einer Herzensgewissheit, dass Gott seine Zusagen erfüllt (siehe Jeremia 1,12).
- Sei gegründet in Jesus und in seiner Liebe, denn Glaube wird durch Liebe wirksam.
- Handle in deiner Vollmacht: Widerstehe dem Teufel, befiehl dem Berg, sich hinwegzuheben (siehe Markus 11,23), und ruf dem, was nicht ist, dass es sei (siehe Römer 4,17).

Der Auftrag, andere zu heilen

Bisher ging es primär darum, für uns selbst Heilung anzunehmen. Doch Jesus hat seine Jünger (und damit uns) im nächsten Schritt beauftragt und bevollmächtigt, wo immer es möglich ist, böse Geister auszutreiben und **alle** Krankheiten und **alle** Gebrechen zu heilen.

Da rief er seine zwölf Jünger zu sich (Jesus ruft auch heute uns, seine Jünger, zu sich) **und gab ihnen Vollmacht über die unreinen Geister, sie auszutreiben, und jede Krankheit und jedes Gebrechen zu heilen** (Matthäus 10,1).

Wir sollten das glaubend bejahen, weil Jesus es uns ausdrücklich als Auftrag zugesprochen hat, weil er uns dazu bevollmächtigt hat und weil er als der Heiler in uns lebt.

Jesus hat diesen Auftrag später noch einmal stark bestätigt, indem er sagte: **Ich sage euch die Wahrheit: Wer an mich glaubt, wird die gleichen Taten vollbringen wie ich – ja, sogar noch größere; denn ich gehe zum Vater** (Johannes 14,12 HFA).

Somit geht es nicht nur darum, die eigene Krankheit zu besiegen, sondern wir haben als Jesu Jünger auch besondere Vollmacht, in unserem Umfeld Kranke zu heilen. Ja, wir haben als Jünger Jesu einen nicht zu hinterfragenden Auftrag, im Namen Jesu Christi die Kranken zu heilen, wo immer sich eine Möglichkeit bietet. Wenn unser Herr und König uns einen Auftrag erteilt, können wir nur **Ja** sagen und gehorchen (siehe z. B. Matthäus 10,1.8).

Gemeinden werden stark und lebendig, wo der Heilungsauftrag Jesu angenommen und in die Tat umgesetzt wird.

Gott möchte sich durch Heilungen und Wundertaten verherrlichen

So wie Jesus das Wort Gottes predigte, Kranke heilte und Wundertaten vollbrachte, ebenso möchte Jesus auch heute noch unter uns wirken. **Und zwar durch DICH.** Wiederhole bitte: Ja, durch mich!

Dadurch wird Jesus verherrlicht, Menschen beginnen an Jesus zu glauben, Kranke werden mit Heilung beschenkt und gebundene werden befreit. Eine Botschaft über Jesus Christus, die von Heilungen, Befreiungen und Wundertaten begleitet ist, überzeugt Ungläubige und bringt Menschen, die in falschen Glaubensrichtungen gebunden sind, ins Reich Gottes.

Deshalb empfehlen wir, dich auszustrecken nach starkem Glauben an das Übernatürliche, nach zunehmender Heilungssalbung und nach Erfahrungen mit der Herrlichkeit Gottes. (siehe Johannes 17,22)

So wird Gott verherrlicht, Menschen kommen zum Glauben und erfahren Heilungen und Wunder. Wir sind in eine Zeit eingetreten, in der Nöte und Weltprobleme zunehmen, in der aber umso mehr das Licht Gottes, die großen Wunder- und Krafttaten Gottes und Erweckungen zunehmen. Bitte Gott darum, in dieser Zeit stark durch Heilungen und Wunder wirken zu dürfen. Gott wird dieses Gebet erhören. So wird dein Leben sehr interessant und erfüllend sein.

Denn unser Evangelium ist nicht nur im Wort zu euch gekommen, sondern auch in Kraft und

im Heiligen Geist und in großer Gewissheit
(1. Thessalonicher 1,5).

Unsere Heilungssalbung nimmt zu

Als Glaubensanfänger haben wir vor Jahren in unserem Hauskreis kindlich und mutig für mehrere Personen um Heilung gebetet. Zu unserem Erstaunen und zu unserer Freude wurden damals (aus Gnade) alle Krankheiten geheilt. Das hat uns sehr ermutigt, wo immer möglich um Heilung zu beten – und das praktizieren wir bis heute. Wir haben auch immer wieder den Heiligen Geist gebeten, die Heilungsgaben und die Heilungssalbung in uns zunehmen zu lassen. Wir haben viele Bücher über Heilung durch Gebet gelesen und wir sind ständig bestrebt, mehr über Heilung zu lernen und in unserer Heilungssalbung zu wachsen. Das wünschen wir natürlich jedem, der dieses Buch liest.

Prophetisch begabte Frauen und Männer bestätigen, dass in unserer Zeit Zeichen, Wunder, Heilungen und Engelsaktivitäten in Gemeinden und im Reich Gottes vermehrt zunehmen. Unsere eigenen Erfahrungen bestätigen diese Aussagen.

Wir empfehlen dir, auch in deinem Wirkungsbereich glaubensvoll zu erbitten, zu erwarten und dankbar zu begrüßen, dass all das zunimmt.

Wir denken, es bedarf einer Grundsatzentscheidung, den Heilungsauftrag Jesu, den er seinen Jüngern gab, bewusst anzunehmen und bei jeder sich ergebenden Möglichkeit mutig um Heilung zu beten. Für uns hat sich der Grundsatz bestätigt: Learning by doing; der Glaube an Heilung wächst, wenn wir kühn um Heilung beten und dann begeistert sind, wie Jesus unsere Gebete erhört.

Es ist sehr befreiend, dass nicht wir für das Heilungsergebnis verantwortlich sind, sondern Jesus. Wir beten um Heilung und erwarten, dass er dann heilt, wie und wann es seinem Plan entspricht. Aber wir wollen immer mehr über Heilung lernen und in der Heilungssalbung zunehmen – mit der inneren Gewissheit, dass Jesus durch unsere Gebete immer mehr Kranke heilt. Das Ziel steht in Apostelgeschichte 5,16, durch das Gebet der Jünger wurden **alle** Kranken in Jerusalem und Umgebung geheilt.

Alle Ehre und aller Dank dafür gebühren immer Jesus.

Statt jetzt bei der zweifelsvollen Frage stehenzubleiben, warum **noch nicht** alle Kranken geheilt werden, für die gebetet wurde, treten wir in eine neue, glaubensvolle Erwartungshaltung ein. Wie? Wir formulieren die Frage anders: Was kann ich lernen und wie kann ich im Glauben wachsen, dass durch meine Gebete mehr Kranke geheilt werden und möglichst alle? Und: Wie kann meine Heilungsvollmacht zunehmen?

Wir nennen daher im Folgenden einige Aussagen der Bibel, wie wir in der Vollmacht zunehmen und noch wirkungsvoller um Heilung beten können.

Anweisungen der Bibel, wie wir um Heilung beten können

Denn alles, was aus Gott geboren ist, überwindet die Welt (1. Johannes 5,4).

Das Gnadengeschenk der Heilung überwindet die Welt der Krankheiten.

Heilung beginnt im Himmel

Jesus hat, als er auf der Erde war, nie jemanden abgewiesen, der ihn um Heilung bat, er hat nie auf später vertröstet und nie gesagt, die Krankheit diene zur Läuterung. Hingegen lesen wir in den Evangelien oft: Jesus heilte alle. – Jesus hat sich nicht verändert. Er möchte auch heute alle heilen, gerne heilen. Wir lehren und ermutigen die Kranken, nach dem Gebet ihre Heilung im Glauben anzunehmen. Jesus gab dem Aussätzigen, der zu ihm mit der fragenden Erwartung kam: „Wenn du willst, kannst du mich heilen", eine eindeutige Antwort: „Ich will dich heilen, sei gesund!" Diese Antwort hat er nie zurückgenommen (siehe Markus 1,40). Jesus will die Kranken heilen und den Preis dafür hat er am Kreuz bezahlt.

Wir müssen zugeben, dass bisher noch nicht alle geheilt werden, für die wir um Heilung beten. Aber Gottes Wort ist die Wahrheit, und die Bibel gibt uns auch Anweisungen, wie wir dieses Ziel möglichst erreichen können.

Heilung fließt aus einer tiefen anhaltenden Beziehung zum Vater, zu Jesus und zum Heiligen Geist.

Dabei stützen wir uns auf die Heilungszusagen des Wortes Gottes, die wir verinnerlicht haben.

Der Heilige Geist wird uns alles sehen und hören lassen, was im Himmel für uns vorbereitet ist. Wir dürfen aus Gottes Fülle nehmen Heilungsgnade um Heilungsgnade. Jesus in uns ist der ständig sprudelnde Brunnen der Heilung.

Das Wichtigste bei Gebeten um Heilung ist: Halte an Jesu Heilungszusagen fest und höre, was Jesus sagt. Warte auf die Anweisungen des Himmels. Bleibe in einer engen Verbindung zu Jesus, wie die Rebe am Weinstock; denn ohne ihn können wir nichts tun (siehe Johannes 15,5).

Vielleicht sagt Jesus, wenn du um Heilung betest: Zuerst sollte der Kranke noch seine Enttäuschung und die Vorwürfe gegen Gott ablegen, die den Gnadenstrom der Heilung bisher aufgehalten haben. Und: Glaube, dass die Heilungszusagen im Wort Gottes die letztgültige Wahrheit sind und dass sie ausdrücklich dir, ja, genau dir von Jesus zugesprochen worden sind.

Oder vielleicht sagt Jesus auch: Bekenne bitte zuerst deinen Stolz, denn nur der Demütige empfängt das Gnadengeschenk der Heilung.

Es kann sein, dass wir auf Verletzungen mit Rückzug, Anklage oder Rebellion reagieren. Solche oder andere ungöttlichen Gegenreaktionen, z. B. dass wir unsere Eltern nicht ehren, können Krankheiten eine Eintrittserlaubnis geben. Doch für jedes dieser Krankheitsanrechte können wir um Vergebung bitten. So ist die Bitte um Vergebung oft ein Schlüssel oder Türöffner für Heilung. Aber manchmal heilt

Jesus auch ohne die vorherige Bitte um Vergebung, denn Heilung ist ein unverdientes Gnadengeschenk. Jesus heilte den Lahmen am Teich Bethesda, ohne dass dieser für seine Sünde um Vergebung gebeten hatte. Doch später sagte Jesus zu ihm: **Sündige hinfort nicht mehr, damit dir nicht etwas Schlimmeres widerfährt** (Johannes 5,14).

Heilung bewusst annehmen

Wir empfehlen kranken Menschen, bewusst aus ihrem Krankenstand herauszutreten, wo sich ihr ganzes Denken, Sprechen und Verhalten um die Krankheit drehte.

Stattdessen schauen sie auf Jesus, ihren Heiler, und sagen:

Von deiner Fülle nehme ich Heilungsgnade um Heilungsgnade (nach Johannes 1,16), d.h. zunehmende Besserung und Heilung.

Sie treten bewusst ein in das, was Jesus für sie erworben hat und sagen das auch laut.

Z. B. sagen sie:

- Danke, Jesus, du hast mich durch deinen Kreuzestod errettet von Sünden und Krankheiten.

- Du wohnst in mir, dein Wesen in mir macht mich dir immer ähnlicher.

- Durch dich bin ich mehr als ein Überwinder.

- Die Liebe des Vaters erfüllt mich und mein Glaube wird durch Liebe wirksam.

- Du lebst mit deiner Vollmacht, Kranke zu heilen und Belastete zu befreien, in mir, durch deine Wunden bin ich geheilt.

- Durch dich, Jesus, in mir bin ich eine neue Schöpfung und ich bin berufen und befähigt, die gleichen Werke zu tun wie du – und noch größere (siehe Johannes 14,12).

- Ich bin ein Miterbe Christi und alles, was dir, Jesus, gehört, gehört auch mir.

- Ich bin ein Botschafter an Christi statt und meinem Leben werden Heilungen, Zeichen, Wunder und Befreiungen folgen.

- Wo andere sich immer um ihre Probleme drehen, bin ich völlig ausgerichtet auf göttliche Lösungen und auf die Zusagen im Wort Gottes.

- Jesus lebt mit seinem Siegesbewusstsein und mit seinem Leben in Fülle in mir. (Bisher war ich sehr eingeschränkt durch „meine" Krankheitsorientierung.)

- Durch Jesus in mir bin ich bevollmächtigt, dem Teufel zu widerstehen und er muss fliehen. Heilung nimmt ständig in mir zu.

Heilung und Wunder bewusst ergreifen

Nachdem um Heilung und Wunder gebetet wurde, sollten diejenigen, die Heilung und Wunder brauchen, sich die gewünschten Ergebnisse sofort „zu eigen machen", sie jetzt im Glauben ergreifen und mit ihren Worten bestätigen.

D. h. die Ergebnisse werden voll Dankbarkeit ausgesprochen, auch wenn sie nicht sofort sichtbar (spürbar) sind. D. h. dass wir das gewünschte Ergebnis aus der übernatürlichen Welt sofort abholen und es als eine bereits geschehene Tatsache betrachten.

Unser Verstand muss dabei auf die Seite gestellt werden. So nimmt unser Glaube das übernatürliche Ergebnis dankend in Empfang. Denn Markus 11,24 sagt: **Ja, ich sage euch: Um was ihr auch bittet – glaubt fest, dass ihr es schon bekommen habt, und Gott wird es euch geben!** (HfA)

Wir lernen, uns die Welt der Heilungen und Wunder viel klarer und glaubensvoller zu eigen zu machen, weil Jesus sie für uns erworben hat und uns beauftragt hat, in dieser übernatürlichen Welt ganz normal zu leben. Doch immer soll Jesus als der Heiler alle Ehre und alle Anerkennung bekommen.

Es gibt noch mehr als Heilung

Wenn Gott heilt, macht das die Größe Gottes offenbar und zeigt uns seine Barmherzigkeit und seine Gnade. Es hilft uns auch zu erkennen, dass Gott heute noch schöpferisch, wiederherstellend und heilend tätig ist.

Bleiben wir deshalb nicht dabei stehen, nur Heilung zu begehren – strecken wir uns danach aus, den Herrn selbst und seine Herrlichkeit zu erleben.

Heilung durch die Herrlichkeit des dreieinigen Gottes

Heilung erfolgt, wenn wir darum bitten, in die Gegenwart von Vater, Sohn und Heiligem Geist hineingenommen zu werden. Damit werden wir durchdrungen von heilenden Strömen, göttlichen Frequenzen und Energien, von den Strahlen, Klängen, Schwingungen und Kräften der Dreieinigkeit. Ja, wir werden erfüllt von den Liebes- und Herrlichkeitsströmen des Himmels.

Von dort erbitten, erwarten und empfangen wir allumfassende Heilung für Leib, Seele und Geist, indem in uns Gottes Schöpfungsordnung wiederhergestellt wird. Wir erkennen und ergreifen, dass umfassende Heilung fließt, wenn wir alles daransetzen und darum bitten, von Gottes Vaterliebe, von der Heilungsgnade Jesu und von der Heilungskraft des Heiligen Geistes erfüllt zu sein.

Durch befreiendes Gebet bekommen wir umfassende Heilung: ein erfülltes, geheiltes Leben; Befreiung von jeder Schuld durch Vergebung und damit Freiheit von Krankheitsanrechten und von jeder Bindung; Wiederherstellung unserer Körperfunktionen; neue geheilte Gefühle, einen festen, positiven Willen und von Klarheit, Wahrheit und Weisheit erfüllte Gedanken; den von Jesus inspirierten Glauben; Leben aus göttlichen Energien und Quellen; Versorgung aus himmlischen Schatzkammern. All das ist zusammengefasst in dem Wort: Volles Leben aus Gottes Herrlichkeit. Jesus sagt dazu: **Ich bin gekommen, damit sie das Leben haben und es im Überfluss haben** (Johannes 10,10), und zu seinem

Vater sagte er: **Und ich habe die Herrlichkeit, die du mir gegeben hast, ihnen gegeben** (Johannes 17,22). Sprich bitte aus, dass du uneingeschränkt offen bist für alle biblischen Zusagen und für alle göttlichen Heilungsgeschenke.

Unsere Vollmacht erkennen und ergreifen

Jesus hat uns, seinen Jüngern, Vollmacht gegeben, **alle** Krankheiten und **alle** Gebrechen zu heilen. Das haben wir bereits erwähnt, und wir wiederholen es gerne; steter Tropfen höhlt den Stein. Wir empfehlen, diese Aussage und damit unsere Vollmacht voll Glauben, voll Freude und Dankbarkeit bewusst anzunehmen:

Ja, wir sind beauftragt und auch mit Vollmacht ausgestattet, **alle** Krankheit und **alle** Gebrechen zu heilen (siehe Matthäus 10,1) – bei uns selbst und bei anderen.

Nimm bitte diesen Auftrag freudig an, ohne ihn mit „Ja, aber ..." abzuschwächen. Denn ein Zweifler wird nichts vom Herrn empfangen (siehe Jakobus 1,6–7).

Wenn du die dir von Jesus gegebene Vollmacht generell im Glauben angenommen hast, kannst du **zu allen Krankheitsbergen sprechen**. Das heißt: Du kannst und sollst allen Bergen – auch den Bergen der Krankheit – im Namen Jesu befehlen, sich hinwegzuheben (siehe Markus 11,23). Wir lernen also, im Namen Jesu Christi voll Glaubensgewissheit zur Krankheit zu sprechen, und wir erwarten, dass sie sich über kurz oder lang hinweghebt.

In diesem Vers Markus 11,23 ist noch eine weitere wichtige Aussage enthalten: **Wir bekommen, was wir sagen.** Durch Jesus in uns sprechen wir in seiner Autorität. Deshalb sollten wir sehr genau darauf achten, was wir sagen – und wir sollten lernen, möglichst immerzu glaubensvoll zu sprechen. Gott sagte zum Volk Israel (und damit auch zu uns) sogar: **Ich will genauso an euch handeln, wie ihr vor meinen Ohren geredet habt** (4. Mose 14,28).

Deshalb ist es wichtig, möglichst immer glaubensvoll und den biblischen Zusagen gemäß zu sprechen. Für manche Menschen könnte es wichtig sein, die Sprache des Glaubens bewusst und gezielt einzuüben.

Wie oft sollen wir dem Krankheitsberg befehlen, sich hinwegzuheben? Ganz einfach: Bis er weg ist! Auch wenn er zunächst riesig und nach menschlichem Dafürhalten unverrückbar zu sein scheint. Wir möchten dich ermutigen: Sprich kühn zu jedem Berg der Krankheit – ohne zu zweifeln –, selbst wenn du ein ganzes Jahr lang befehlend zu dem Berg sprechen musst. Nachdem du voll Glauben zum Berg gesprochen hast, können immer noch Krankheitssymptome und Schmerzen in dir sein. Aber Jesus und seine Heilungskraft sind *auch* in dir. Damit wohnt in dir der Stärkere (siehe 1. Johannes 4,4). Vertraue ihm, schau mehr auf Jesus als auf die noch vorhandene Krankheit.

Den Krankheitsmächten widerstehen

In Jakobus 4,6–7 lesen wir: **Gott widersteht den Hochmütigen; den Demütigen aber gibt er Gnade. So unterwerft euch nun Gott! Widersteht dem Teufel, so flieht er von euch.**

Die Haltung der Demut bedeutet: Herr, ich bin völlig von dir abhängig; ich erbitte und erwarte von dir das Gnadengeschenk der Heilung. Aber ich ergreife auch die Vollmacht, die Jesus mir gegeben hat, und widerstehe im Namen Jesu Christi allen Krankheitsmächten und gebiete ihnen, mich zu verlassen (z. B. Mächten von Allergien, Arthrose, Krebs, Rheuma etc.). Sei voller Glauben und überzeugt, dass du Vollmacht hast, im Namen Jesu Christi **alle** Krankheitsgeister zu binden und ihnen zu gebieten, den Körper zu verlassen.

Dazu zwei aussagekräftige Bibelstellen:

Er (Jesus) **rief aber seine zwölf Jünger zusammen** (er ruft auch uns) **und gab ihnen Kraft und Vollmacht über alle Dämonen und zur Heilung von Krankheiten; und er sandte sie aus, das Reich Gottes zu verkündigen und die Kranken zu heilen.** (Lukas 9,1–2)

Jesus sagt zu seinen Jüngern (und zu uns): **Siehe, ich gebe euch die Vollmacht, auf Schlangen und Skorpione zu treten, und über alle Gewalt des Feindes** (d. h. über alle Krankheitsmächte); **und nichts wird euch in irgendeiner Weise schaden.** (Lukas 10,19)

Bei Krankheiten, die die Medizin nicht heilen kann, sind oft Krankheitsgeister beteiligt, die wir im Namen Jesu Christi binden und rauswerfen sollen. Du sagst dann zum Beispiel:

Im Namen Jesu Christi binde ich den Geist von Rheuma und Fibromyalgie über ... und gebiete diesem Geist, ... sofort und für immer zu verlassen. Bitte, Jesus, reinige durch dein Blut das gesamte Körpergewebe und alle Gelenke. Und nun bitte ich dich, Jesus, komm mit deiner wunderbaren Heilungsgnade in diese Person, damit sie schmerzfrei wird und vom Scheitel bis zur Sohle geheilt ist und sich rundum wohlfühlt. Und ich danke dir, Jesus, dass jetzt Strahlen deiner Herrlichkeit diese Person durchfluten und so deine Heilung jeden Bereich des Körpers erfüllt.

Dem rufen, was nicht ist, dass es sei

Gott ist ein schöpferischer Gott. Er hat das Universum geschaffen und er ruft dem, was nicht ist, dass es sei (siehe Römer 4,17b).

Gott rief durch sein Wort die ganze Schöpfung in Existenz (siehe 1. Mose 1). Jesus wohnt in uns, so dass wir wie er schöpferisch-heilend sprechen können. Jesus sagt uns zu: **Wahrlich, wahrlich, ich sage euch: Wer an mich glaubt, der wird die Werke auch tun, die ich tue, und wird größere als diese tun** (Johannes 14,12).

An anderer Stelle sagt Jesus: **Wenn jemand ... glaubt, dass das, was er sagt, geschieht, so wird ihm zuteilwerden, was immer er sagt.** (Markus 11,23).

Das heißt, wir können und sollen wie Jesus bei körperlichen Defiziten neue Körperteile oder neue, heile

Körperfunktionen in Existenz sprechen. Entrüste dich bitte nicht über diese steile Aussage. Wir sind doch beauftragt, im Namen Jesu Christi wie er zu heilen.

Wir haben in den vergangenen Jahren mehrfach erlebt, dass wir im Gebet im Namen Jesu Christi neue Körperteile oder Körperfunktionen in Existenz sprachen und es geschah so – und das wollen wir noch viel öfter erleben!

Menschen, die in einer Vision im Himmel waren, haben dort ein Ersatzteillager gesehen, von dem menschliche Körperteile vom Himmel auf die Erde gerufen werden können. Eine prophetisch begabte Person berichtete uns von einem visionären Einblick in den Himmel:

„Im nächsten Moment befand ich mich im Himmel in einer Art Lagerhalle oder Vorratskammer. Der Raum war voller offener Regale. Auf den Regalen lagen schlagende Herzen, offene und klare Augen, offene Ohren, lebendige Gliedmaßen, die durchblutet waren, Gelenke, Teile von Gehirnen. Zu den inneren Organen ging ich nicht. Ich war so fasziniert von den wunderschönen schlagenden Herzen. Dort verweilte ich. Augenblicklich wusste ich, was Jesus mir sagen wollte: Heilung ist unser Erbe, das wir als Himmelsbürger vom Himmel auf die Erde bringen sollen. Er hat alles, was wir brauchen."

Wir haben immer wieder erlebt, dass Gebete wie diese erhört wurden und Kranke zur Ehre Gottes Heilung erfahren haben:

Im Namen Jesu Christi rufen wir aus dem himmlischen Ersatzteillager neue Bandscheiben und Wirbel herbei, eine neue Achillessehne, ein neues Kreuzband, neue Knorpelmasse für schmerzende Knie und Gelenke, neue Lungenfunktionen, nach der Schöpfungsordnung arbeitende heile innere Organe, neue Nervenbahnen usw.

Gemäß der Aussage Jesu „wie im Himmel, so auf Erden" bitten wir Jesus, dass Engel die operativen Aufgaben ausführen und die kranken Personen schmerzfrei und geheilt sind. Das mag für manche Leser fast unglaublich klingen, aber wir haben es – nicht immer, aber immer wieder – so erlebt. Denn Jesus ist unser Arzt und unser Freund und der Heilige Geist ist unser Helfer.

Wir möchten Kranke und deren Fürbitter ermutigen, in Demut, aber mit großer Glaubenserwartung um ähnliche schöpferische Wunder zu beten. Wir hören weltweit von wunderbaren Heilungen – auch Heilungen Blinder, Lahmer und Tauber – sowie Heilungen von Aids, die sich aufgrund ähnlicher Gebete ereignen.

Im Namen Jesu und in seiner Vollmacht beten

Jesus fordert uns auf, genau wie er Kranke zu heilen und Wunder zu tun, das heißt, in seinem Namen schöpferisch tätig zu sein. Jesus sagte: **Wahrlich, wahrlich, ich sage euch: Wer an mich glaubt, der wird die Werke auch tun, die ich tue, und wird größere als diese tun, weil ich zu meinem Vater gehe** (Johannes 14,12).

Demnach dürfen, ja sollen wir im Namen Jesu geschädigte Körperfunktionen wieder in die Schöpfungsordnung Gottes zurückrufen. Bei

Rückenproblemen dürfen und sollen wir der Wirbelsäule im Namen Jesu Christi befehlen, sich zu begradigen, und aus dem himmlischen Ersatzteillager neue Bandscheiben in den Rücken der kranken Person hineinrufen. Wir haben nach solchen und ähnlichen Gebeten wunderbare Heilungen erlebt. Dank und Ehre sei Jesus! Wir geben hier nur unsere Gebetserfahrungen weiter, die auf alle Krankheitsbereiche anwendbar sind. Du hast Vollmacht, Organen, Nerven, dem Blutdruck und der Chemie des Körpers zu befehlen, wieder nach der Schöpfungsordnung zu arbeiten! Ist das nicht genial?

Wenn möglich, versuche zunächst die Krankheitsauslöser zu entdecken und durch Vergebung unwirksam zu machen, z. B. wenn du Menschen noch nicht vergeben hast. Danach wird dein Gebet um Heilung sehr wirkungsvoll sein. Ein Beispiel, wie man gegen **Autismus**, eine medizinisch kaum heilbare Krankheit, beten könnte:

Bitte für Vorfahrenschuld möglichst detailliert um Vergebung.

Salbe den Kopf des Kranken jeden Tag mit Öl und sprich Heilungsworte über ihm aus.

Binde den Geist des Autismus und befiehl ihm im Namen Jesu Christi, die Person zu verlassen, und löse sie von allen ererbten Generationsflüchen.

Befiehl den Neuronen im Kopf, sich nach der Schöpfungsordnung Gottes neu zu ordnen.

Befiehl den elektromagnetischen Frequenzen in den Gehirn- und Nervenzellen, wieder in die göttliche Harmonie und Balance zu kommen.

Rufe eine neue, normale Koordination in Nerven und Muskeln, in die Motorik und in alle Körperfunktionen hinein.

Erbitte im Namen Jesu übernatürliche Intelligenz und rufe über dem Kranken eine Herrlichkeitswolke Gottes und heilende Herrlichkeitsstrahlen herbei, in deren Folge volle Heilung und Normalität aufwachsen.

Sprich über ihm den Frieden Gottes aus und bitte um Heilungsgnade für den Körper und die Seele.

So ähnlich kann auch bei anderen medizinisch unheilbaren Krankheiten gebetet werden. Mehr dazu findest du in dem Buch „Wie wir geheilt werden können" von Christoph Häselbarth und Dr. Peter Riechert (siehe Literaturverzeichnis).

Mit Gott über unsere Heilungserwartungen verhandeln

Mehr als wir uns vorstellen können, ist Gott von Natur aus und durch und durch Liebe, Barmherzigkeit, Hilfsbereitschaft – und willig zu heilen.

In Jesaja 43,26 bietet Gott, der Vater, uns seine Verhandlungs- und Hilfsbereitschaft an, indem er sagt: **Erinnere mich, wir wollen miteinander rechten; zähle doch auf, womit du dich rechtfertigen willst!**

Ist es nicht erstaunlich, dass der große Gott mit uns über unseren weiteren Lebensweg verhandeln möchte?

Damit fordert Gott die Kranken auf, ihm Gründe zu nennen, warum er sie heilen sollte. Gott möchte in einer Freundschaftsbeziehung mit uns verhandeln, wie er einst mit Abraham über die Rettung von Sodom und Gomorra verhandelte. Damals hätten zehn Gerechte den Untergang der beiden Städte verhindern können, wenn sie dort nur vorhanden gewesen wären.

Deshalb empfehlen wir, Gott fünf bis zehn gute Gründe zu nennen, warum du ihn bittest, dich zu heilen. Du könntest z. B. anführen, dass du empfindest, deine Lebensberufung sei noch nicht erfüllt, dein Ehepartner und deine Kinder bräuchten dich noch, dass du noch einen Konflikt schlichten solltest, dass du deinen Kindern keine Schulden hinterlassen möchtest etc.

Wende dich mit deinen Anliegen voll Vertrauen an den Herrn, denn er ist: barmherzig und gnädig, geduldig und von großer Güte und Treue. Er möchte dir immer Gutes tun.

Krankheitsauslöser entmachten

Die wichtigsten Krankheitsauslöser sind:

Krankheitsauslöser:	Geistlich zu entmachten durch:
Ängste, Unglaube	Biblische Zusagen des Wortes Gottes verinnerlichen
	Den Glauben Gottes in dir erwarten (siehe 2. Timotheus 1,7)
	Worte des Glaubens proklamieren (sieh Psalm 107,20)

Krankheitsauslöser:	Geistlich zu entmachten durch:
Stress, Druck	In Jesus zur Ruhe kommen, zum Thron der Gnade kommen (siehe Hebräer 4,16) Den Geist des Stresses entmachten
Unvergebene seelische Verletzungen, Bitterkeit, Ärger, Anklagen	Umfassend vergeben und um Vergebung bitten, Enttäuschungen zum Kreuz bringen und unter dem Kreuz in den Tod Jesu geben (siehe 1. Johannes 1,9)
Rückzug, Minderwertigkeit, Selbstmitleid, keine Identität in Jesus	Unsere Identität in Jesus und unsere Berufung annehmen, Bitte um Vergebung, bzw. anderen vergeben (siehe 1.Petrus 1,10–11)
Okkulte Sünden und krankmachendes Umfeld	Dem Teufel widerstehen, Mächte binden; um Gnade bitten (siehe Matthäus 16,19; Jakobus 4,7)
Allgemeine Flüche (siehe 5. Mose 28)	Jesus wurde für uns zum Fluch (siehe Galater 3,13).

Krankheitsauslöser:	Geistlich zu entmachten durch:
Geerbte Generationsflüche und angeborene Krankheiten (siehe Klagelieder 5,7)	Negative Erblinien im Namen Jesu Christi entmachten (siehe Matthäus 16,19; 1. Petrus 2,24) Erbitte und erwarte kreative Wunder unter dem Einfluss der Herrlichkeit Gottes.

Was Krankheiten auslöst und auf welchen Wegen Heilungen geschehen, können wir Menschen nicht umfassend erklären. Wir können Krankheitsauslöser und „Wie man um Heilung beten kann" nicht in eine Box stecken, kein vollständig erklärendes System erstellen.

Manchmal heilt Gott durch Ärzte, manchmal durch Gebet, manchmal durch Ärzte und Gebet. Wir sind dankbar für Ärzte. Ohne sie wären viele Menschen bereits gestorben.

Wir empfehlen nach einem Gebet um Heilung die vom Arzt verordneten Medikamente weiter zu nehmen bis deutliche Besserung festgestellt wird und der Arzt über die Medikamenteneinnahme neu entscheidet.

Weitere biblische Anweisungen zum Gebet um Heilung habe ich, Christoph, bereits in meinen früheren Büchern geschrieben (siehe Literaturverzeichnis), deshalb sollen sie hier nur kurz gestreift werden:

In Freimut zum Thron der Gnade kommen

Wie alle guten Gaben Gottes ist auch Heilung ein Gnadengeschenk, das Jesus für uns verfügbar gemacht hat. Doch wie immer muss man göttliche Geschenke begehren, abholen, herbeirufen, in Anspruch nehmen. Wir erbitten und erwarten im Glauben das Gnadengeschenk der Heilung vor dem Thron der Gnade – so lange, bis wir es erhalten haben. Denn in Hebräer 4,16 steht: **So lasst uns nun mit Freimütigkeit hinzutreten zum Thron der Gnade, damit wir Barmherzigkeit erlangen und Gnade finden zu rechtzeitiger Hilfe.**

Engelshilfe erbitten

Engel sind nach Hebräer 1,14 dienstbare Geister, die von Gott zu unserer Hilfeleistung entsandt werden. In jeder Notsituation dürfen wir den Vater um Engelshilfe bitten. Wir dürfen den Vater auch bitten, Engel zu senden, die an uns (oder an anderen) himmlische Operationen durchführen und alles tun, um in dem kranken Körper die Schöpfungsordnung Gottes wiederherzustellen.

Heilung durch das Abendmahl

Bei der Kreuzigung vergoss Jesus sein Blut, um uns von unseren Sünden zu erlösen und uns zu reinigen, sowohl von Sünden wie auch von Infektionen und Erregern.

An seinem Leib ertrug Jesus für uns körperliche Zerstörung und brutale Schmerzen, um uns von allen Krankheiten und Schmerzen zu befreien. Wenn wir dieses Opfer Jesu beim Abendmahl bewusst im

Glauben annehmen, nämlich dass Jesus dieses Opfer für uns auf sich nahm, erfahren wir Sündenvergebung und Heilung.

Wir nehmen den für uns geopferten Leib Jesu in Form des Brotes in uns auf und nehmen damit im Glauben unsere Heilung in Empfang. Wir nehmen den Wein oder Saft zu uns und empfangen damit Reinigung von unseren Sünden und Krankheitserregern. Wir empfangen auch Reinigung von Sünden, die Krankheiten ein Eintrittsanrecht gegeben haben.

Viele Menschen, die in dieser Weise voll Glauben an Sündenvergebung und Heilung das Abendmahl zu sich nahmen, haben innere Reinigung und Heilung erfahren. Z. B. erzählte uns eine Frau, die sehr an Schmerzen, verursacht durch Borreliose (Zeckenbiss) litt, wie sie Heilung erfuhr, nachdem sie über mehrere Wochen täglich das Abendmahl zu sich nahm.

Daher empfehlen wir, zur gesundheitlichen Stabilisierung so oft wie möglich – am besten täglich – das Abendmahl voll Glauben an umfassende Reinigung und Heilung zu sich zu nehmen. (siehe 1. Korinther 11,23-30)

Erlebe das Geheimnis heilender Vaterliebe

Paulus sagt in 1. Korinther 11,29+30, dass viele schwach oder krank sind, weil sie unwürdig das Abendmahl nehmen. Unwürdig bedeutet neben Bereinigung von Schuld, ohne Glaube an Heilung zu leben und ohne tiefe Liebe zueinander.

Umgekehrt werden Christen und natürlich Gemeinden mehr und stärkere Heilungen erleben, wenn sie in einer neuen Dimension der gegenseitigen Wertschätzung, des gegenseitigen Ehrens und Liebens miteinander umgehen. Wir dürfen lernen, tiefe gegenseitige Liebe und Annahme auszudrücken durch liebevolle Umarmungen. Paulus fordert uns in Römer 16,16 sogar auf, uns mit einem heiligen Kuss zu begrüßen. Bemüht euch, in anderen Christen die Herrlichkeit zu sehen, die Jesus ihnen gegeben hat (siehe Johannes 17,22).

Wenn wir voll Glauben und aus tiefer Liebe miteinander Abendmahl – d.h. Brot und Wein – zu uns nehmen, werden Ströme der Heilung fließen. Wir werden eine gestärkte körpereigene Abwehrkraft bekommen und Heilungswunder erleben.

Wir werden Jesus im anderen sehen und Ströme, Wellen und Frequenzen übernatürlicher, heilender Gottesliebe erfahren. Dies sind Geheimnisse göttlicher Heilungskräfte, die unser liebender Vater uns Christen anvertraut.

Wenn wir so liebend miteinander umgehen, werden unsere Gemeinden aufblühen, wachsen und neue Dimensionen von Heilungen und Wundern erleben.

Ein fröhliches Herz

... fördert die Genesung, aber ein niedergeschlagener Geist dörrt das Gebein aus (Knochen sind der Ort der Blutbildung). Wir haben erlebt, wie durch Proklamieren dieser Bibelstelle aus Sprüche 17,22 Leukämie-Kranke geheilt wurden.

Lebe mit dem Kreuz

Wir haben die Möglichkeit, alles Schlechte, Sündhafte, Ungöttliche und Krankheitsauslösende am Kreuz abzulegen und es in den Tod Jesu zu geben. Auf der anderen Seite des Kreuzes können wir dann alles Gute, heilende Kräfte und die Wiederherstellung der Schöpfungsordnung Gottes abholen. Sei ermutigt, aktiv mit der heilenden Kraft des Kreuzes zu leben. Denn Jesus hat die Sünde und damit die Krankheitsauslöser hinaufgetragen auf das Kreuz, damit du als Gerechter die Heilung empfangen kannst (siehe
1. Petrus 2,24). In unseren Seminaren stellen wir gern ein Holzkreuz auf und empfehlen kranken und gesunden Menschen, Zeit vor dem Kreuz zu verbringen und dort alles Schlechte, Kranke, Zerstörende vor dem Kreuz in den Tod Jesu zu geben. Alles Gute, auch Heilung und Wiederherstellung, kannst du von der anderen Seite des Kreuzes abholen und als Gnadengeschenke annehmen. Die Frage ist eigentlich nur, ob wir an Jesu Tausch am Kreuz glauben und auch entsprechend beten. Denn für uns, die wir (durch Jesus) gerettet wurden, ist im Kreuz eine Gotteskraft (siehe 1. Korinther 1,18).

Wähle das Leben

In 5. Mose 30,19 steht: **Ich habe euch Leben und Tod, Segen und Fluch vorgelegt; so erwähle nun das Leben, damit du lebst, du und dein Same** (deine Nachkommen).

Wir haben oft Menschen erlebt, die gesundheitlich angeschlagen waren, nachdem sie bei sich gesagt hatten: „Am liebsten wäre ich tot." Nachdem sie diese Aussage gemacht hatten, starben sie zwar nicht, aber sie hatten doch den Tod gewählt und waren daher in ihren Körperfunktionen und in ihrer Abwehrkraft oft geschwächt. Auch Morde, Selbstmorde, Abtreibungen und Todesflüche bei den Vorfahren im gesamten Familienumfeld können bei den folgenden Generationen durch einen „ererbten" Geist des Todes körperliche Schwäche hervorrufen. Herz- und Kreislaufprobleme, kalte Hände und Füße, Müdigkeit und vieles mehr können Anzeichen für Anrechte des Todes sein.

Wir können für selbst gegebene und geerbte Todesanrechte und Todesflüche um Vergebung bitten, die Todesmächte entmachten und uns ganz neu für das Leben entscheiden, für ein Leben in Fülle, und das Leben wählen (siehe 5. Mose 30,19; Johannes 10,10).

Unsere Sprache beeinflusst unseren Gesundheitszustand

Jedes gute oder schlechte Wort ist eine gute oder schlechte Saat, die unweigerlich aufgeht. Das bedeutet, wir können uns durch unsere Worte in Heilung und Gesundheit oder in Krankheit hinein sprechen. Zwischen dem Zeitpunkt des Aussprechens von Heilungsglaube oder Krankheitsbefürchtungen und dem Auftreten der entsprechenden Frucht kann ein kurzer oder langer Zeitabstand liegen. Daher wird oft der Zusammenhang von Saat und Ernte nicht gesehen und damit nicht ernst genommen.

Viele Bibelworte bestätigen, wie unsere Worte unser Leben und eben auch unser gesundheitliches Wohlergehen beeinflussen werden.

Wovon das Herz voll ist, davon redet der Mund. (Matthäus 12,34)

An der Frucht seines Mundes sättigt sich der Mensch, am Ertrag seiner Lippen isst er sich satt. (Sprüche 18,20)

Ich will genauso an euch handeln, wie ihr vor meinen Ohren geredet habt! (4. Mose 14,28)

Mehr als alles andere behüte dein Herz; denn von ihm geht das Leben aus. (Sprüche 4,23).

... so wird ihm zuteilwerden, was immer er sagt. (Markus 11,23b).

Schlechte Saat, die das Wirken des Heiligen Geistes und Heilung blockiert und verhindert	Gute Saat, die das Wirken des Heiligen Geistes und Heilung freisetzt und fördert
Negativ – kritisch denken und sprechen, Haltung von Ablehnung, Ärger und Stolz	Demütig Anerkennung, Wertschätzung, Ehre geben, Freundlichkeit, Auferbauung, glaubensvoll denken und sprechen
Rückzugsverhalten, Vorwurf, Unzufriedenheit, Schmollen, Anklage, Fehlersuche, Bestrafen – auch mit Depression	Befreit von Vaterlosigkeit andere lieben und das Gute in anderen fördern, Vergebung, Einheit und Versöhnung leben

Unglaube, Zweifel, Fehlhaltungen verbergen, Zynismus, Besserwisserei, in Abgrenzungen denken und sprechen	Glaube, gelebte Vaterliebe, Identität im Vater in Jesus, im Wort Gottes Brückenbauer sein, gelebte Vollmacht, die heilt und befreit
Ein geistliches Baby bleiben, immer suchend, ruhelos, geistlich schwach auf Menschenanerkennung und auf Menschenhilfe orientiert	Ein gefestigter Jünger, vom Heiligen Geist erfüllt, zum Herzen des Vaters durchdringend, Zeichen, Wunder und Heilungen folgen ihm/ihr; gelernt, mit Jesus im Leben zu herrschen
Aus eigener Leistung lebend, Annahme bei Gott und bei Menschen verdienen wollen, unzufrieden, nicht zum Ziel, d. h. nicht heimkommen zum Vater	Aus Gnade leben, die Gegenwart und Herrlichkeit Gottes suchen und erfahren, ein Herz voller Gewissheit und Dankbarkeit, als geistlicher Vater/Mutter ein Segen sein für viele

Wir raten daher jedem, die Sprache der Auferbauung, der Wertschätzung und des Glaubens zu lernen und zu sprechen. Denn nochmals: Wir bekommen, was wir sagen.

Unsere innere Schaltzentrale auf positiv umstellen

Indem wir lernen, zuversichtlich, glaubensvoll, sorglos, auferbauend, vergebend, liebevoll, loslassend zu denken und zu sprechen, wird sich das krankheitsabwehrend und heilend auf unseren ganzen Organismus aufwirken.

Umgekehrt: Negative, anklagende, ablehnende Gedanken fördern Stress, wodurch unser körpereigenes Abwehrsystem geschwächt wird, so dass wir dann krankheitsanfällig sind.

Es ist daher sehr wichtig, eine glaubensvolle Sprache und positive Verhaltensweisen zu entwickeln, um körperlich und emotional stabil zu bleiben.

Denn wie er in seiner Seele berechnend denkt, so ist er. (Sprüche 23,7)

Unsere Schaltzentralen im Gehirn, im Herzen und im Darm werden heilende Impulse senden, wenn wir auferbauend, sorglos, annehmend denken und sprechen. Außerdem sollten wir immer schnell bereit sein, alles Negative zu vergeben. Statt über schwierigen Umständen negativ zu sprechen, werden wir auferbauende Bibelverheißungen proklamieren. Z. B. **„Ich vermag alles durch den, der mich stark macht, Christus"** (Philipper 4,13).

Negative Festlegungen entmachten

In Sprüche 18,20–21 steht: **An der Frucht seines Mundes sättigt sich der Mensch, ... Tod und Leben steht in der Gewalt der Zunge.**

Durch negative Aussagen oder gar negative Festlegungen wie: „Ich bin im Herbst immer anfällig für Grippe" oder „Mein Vater hatte auch schon Hüftprobleme und ich fürchte, ich bekomme das Gleiche" oder: „Diese Streitereien bringen mich noch um!" können wir uns selbst binden. Dadurch können wir uns selbst negativ festlegen. Wenn jemand unter solchen negativen Festlegungen steht, können Gebete um Heilung kaum etwas bewirken.

Auch negative ärztliche Diagnosen können uns wie ein Fluch in der Krankheit festhalten. Die ärztliche Diagnose mag schon richtig sein. Aber über der Tatsache der Diagnose steht die Wahrheit der Verheißungen Gottes.

Von solchen Festlegungen der negativen Befürchtungen und des Unglaubens sollten wir uns entschieden distanzieren, Gott dafür um Vergebung bitten, dem Arzt vergeben, der über uns eine vernichtende Diagnose ausgesprochen hat, und diese durch Glaubensaussagen ersetzen. Auch negative Erblinien können wir im Namen Jesu Christi abschneiden, für ungültig erklären, uns im Blut Jesu reinigen und dann durch Glaubensaussagen die göttliche Wahrheit aufrichten. Jesus spricht uns zu: **Dir geschehe, wie du geglaubt hast** (Matthäus 8,13). **Wenn du glaubst, dass das, was du sagst, geschieht, wird es eintreffen** (nach Markus 11,23b). Und: **So wahr ich lebe, spricht der Herr: Ich will genauso an euch handeln, wie ihr vor meinen Ohren geredet habt** (4. Mose 14,28).

Und der Pfahl im Fleisch?

Unser Glaube basiert auf dem Heilungswillen Jesu und auf den Zusagen des Wortes Gottes (z. B. in 1. Petrus 2,24).

In Hosea 4,6 heißt es: **Mein Volk geht zugrunde aus Mangel an Erkenntnis.** Deshalb sind wir bestrebt, mehr Erkenntnis zu erlangen, wie wir zu mehr Heilungssalbung durchbrechen können.

Glaube kommt vom Hören, deshalb sollte viel mehr über Heilung gelehrt werden – dann würde auch mehr an Heilung geglaubt werden. Religiöse oder von Tradition geprägte Meinungen hingegen können Heilung verhindern. So wird oft als Ausrede für nicht erfolgte Heilung der „Pfahl im Fleisch" angeführt, von dem Paulus schreibt. Was hat es damit auf sich?

„Pfahl (oder Dorn) im Fleisch" – dieser Ausdruck findet sich in der Bibel zum ersten Mal in 4. Mose 33,55; dort warnt Gott: „Wenn ihr aber die Einwohner des Landes nicht vor eurem Angesicht vertreiben werdet, so sollen euch die, welche ihr übrig bleiben lasst, zu Dornen werden in euren Augen und zu **Stacheln in euren Seiten,** und sie sollen euch bedrängen in dem Land, in dem ihr wohnt."

„Diese Völker ... werden euch zur **Schlinge** werden und **zum Fallstrick und zur Geißel an eurer Seite und zu Dornen in euren Augen.**" (Josua 23,13) – An anderen Stellen heißt es:

„Ich sagte: ... Ihr aber sollt mit den Einwohnern dieses Landes keinen Bund machen, sondern ihre Altäre niederreißen. Aber ihr habt meiner Stimme nicht gehorcht! Warum habt ihr das getan? So habe ich nun auch gesagt: Ich will sie nicht vor euch vertreiben, damit sie euch zu **Fangnetzen** und ihre Götter euch zum **Fallstrick** werden!" (Richter 2,1-3)

„Es soll künftig für das Haus Israel kein **stechender Dorn** und kein **schmerzender Stachel** mehr verbleiben vonseiten derer, **die rings um sie her wohnen und sie verachten**; und sie sollen erkennen, dass ich Gott, der Herr, bin." (Hesekiel 28,24)

Wenn die Bibel von einem „Pfahl" oder „Dorn im Fleisch" spricht, ist damit nie Krankheit gemeint, sondern Anfeindung, Verfolgung, Bedrängnis durch offene Feinde oder durch böse Brüder – und das hat Paulus in der Tat reichlich erlebt. Er nennt alle möglichen Nöte, die er in dieser Hinsicht erlebt und erlitten hat, aber er nennt keine Krankheiten. Allerdings erwähnt er in Galater 4,13-14, dass er ihnen, den Galatern, in großer körperlicher Schwachheit gedient hat; trotzdem konnte er in Bezug auf die anderen Apostel sagen: „Ich habe mehr gearbeitet als sie alle" (1. Korinther 15,10).

Jesus heilt durch die Kraft des Glaubens

Unser Glaube ist der Sieg, der die Welt (auch die Welt der Krankheiten) **überwunden hat.**
(1. Johannes 5,4).

Jesus hat uns den Auftrag gegeben, die Kranken zu heilen. Nehmen wir diesen Auftrag an? Glaubensvoll und kompromisslos? Ohne ihn mit „Ja, aber" dann doch zu hinterfragen? Das bedarf einer generellen Entscheidung!

Führen wir es uns nochmals vor Augen: **Da rief er (Jesus) seine zwölf Jünger zu sich und gab ihnen Vollmacht über die unreinen Geister, sie auszutreiben und jede Krankheit und jedes Gebrechen zu heilen** (Matthäus 10,1). Dieser Auftrag Jesu an seine Jünger und damit auch an uns, die wir heute seine Jünger sind, sollte weder hinterfragt noch relativiert werden – auch wenn wir nicht alle Fragen beantworten können, warum manche Menschen trotz glaubensvollem Gebet nicht geheilt wurden.

Es geht hier um eine sehr wichtige generelle Entscheidung, die wir als Einzelpersonen und als Gemeinde treffen sollten: Wollen wir gemäß der allgemeinen Meinung der Welt und gemäß unseren Erfahrungen leben, geleitet von unseren fünf Sinnen, oder bestimmen die Wahrheiten des Wortes Gottes und der Glaube an die übernatürliche Welt und den Heilungsauftrag Jesu unser Denken, Sprechen und Handeln?

Nochmals: Göttliche Heilung resultiert aus unserer Beziehung zu Jesus, unserem bedingungslosen Glauben an sein Wort und wenn wir erwarten, dass Gott durch den Heiligen Geist übernatürlich handelt.

Die Kraft des Gebets in Einheit

Jesus sagte: **Weiter sage ich euch: Wenn zwei von euch auf Erden übereinkommen über irgendeine Sache, für die sie bitten wollen, so soll sie ihnen zuteilwerden von meinem Vater im Himmel** (Matthäus 18,19).

Es liegt eine große Kraft darin, wenn zwei oder mehrere Personen im Glauben und in Einheit um Heilung beten.

Ein neunjähriges Mädchen bat mich, Christoph, um Gebet, weil eine Stechwarze im Fuß ihr beim Gehen Schmerzen verursachte. Ich fragte sie: „Glaubst du, dass die Warze verschwindet, wenn wir zwei in Einheit dafür beten?" Sie bejahte. Ich nahm sie als Zeichen der Einheit an beiden Händen und betete: „Im Namen Jesu Christi und in Einheit des Glaubens befehle ich, dass die Stechwarze jetzt unter einem göttlichen Fluch verdorren muss, so wie Jesus den Feigenbaum verflucht hat und ihn von der Wurzel her verdorren ließ" (siehe Markus 11,19–22). Nach drei Tagen war die Stechwarze verschwunden und der Fuß war schmerzfrei.

Wenn zwei in Einheit gegen eine Krankheit beten, sollen beide aussprechen, was sie glauben und was sie jetzt von Jesus erwarten. Jesus verspricht, dass sie es bekommen werden. Ist das nicht gewaltig? Es liegt eine große Kraft darin, wenn zwei in Einheit beten und dadurch das Herz Gottes berühren. Beten in Einheit, in Liebe und im Glauben – das ist ein wichtiger Schlüssel für Gebetserhörungen.

Vorfahrenschuld und Flüche entmachten

Im Alten Testament lesen wir, dass die Schuld der Väter bis in die dritte und vierte Generation weitergegeben wird (siehe 2. Mose 20,5). Weiter lesen wir in Klagelieder 5,7 (HFA): **Unsere Vorfahren haben gegen dich gesündigt. Sie leben nun nicht mehr, wir aber müssen für ihre Schuld bezahlen.**

Der Prophet Hesekiel kündigt dann schon an, dass die Zeit kommen wird, wo das Sprichwort „Die Väter haben saure Trauben gegessen, und die Kinder bekommen stumpfe Zähne!" (Hesekiel 18,2–3) nicht mehr gilt.

In dieser Zeit leben wir: Jesus hat am Kreuz den Fluch der Vorfahrenschuld auf sich genommen. Was geht uns das alles dann noch an? Nun, diese Schuld der Vorfahren wandert nicht automatisch ans Kreuz, nur weil wir Christen sind, sondern wir müssen – besser gesagt, dürfen – für die Schuld unserer Vorfahren identifizierend um Vergebung bitten und diese Väterschuld unter dem Kreuz in den Tod Jesu geben.

Dabei mag es sich um okkulte Schuld unserer Vorfahren handeln, um Schuld an Juden, um Nazischuld und Kriegsschuld. Es kann sich auch um Todesmächte handeln, um vererbte Krankheitsanrechte, um Schuld von Unreinheit, um sich in Ehen und Familien wiederholende zerstörerische Verhaltensmuster oder Konstellationen, um Freimaurerei, Betrug, Erbstreitigkeiten und vieles mehr, das in der Familienlinie aufgetreten ist und eben auch Krankheiten Anrechte gibt.

Wir haben immer wieder erlebt, dass Heilung trotz intensiven Betens nicht richtig durchbrach.

Als wir dann die kranke Person davon überzeugen konnten, sich Zeit zu nehmen für eine gründliche Bitte um Vergebung für eigene Schuld, die oft längst vergessen war, brach die Heilung durch.

Auch ermutigen wir kranke Menschen, gründlich stellvertretend um Vergebung zu bitten für Vorfahrensünden wie Eide, Weihen, Bündnisse, Flüche, Versprechen, Verwünschungen und negative Festlegungen. Nach derartigen Bitten um Vergebung – so gründlich wie möglich, wobei oft der Heilige Geist Verborgenes aufdeckt – kommt es oft zu wunderbaren Heilungen.

So wird dem Teufel das Anrecht entzogen, uns vor dem göttlichen Gericht anzuklagen und uns in Krankheit festzuhalten.

Wir empfehlen dringend, die Bitte um Vergebung von Vorfahrenschuld sehr ernst zu nehmen.

Nach der Bitte um Vergebung können wir all diese Väterschuld im Namen Jesu entmachten. Manche Menschen konnten erst geheilt werden, nachdem ihre Wohnungen von okkulten Gegenständen wie Masken, okkulten Büchern und Bildern, Buddhas, okkulter Musik, Götzenstatuen gereinigt und die Gegenstände zerstört wurden. Wir haben auch erlebt, dass manche Menschen nach einem Auslandsaufenthalt unheilbare Krankheiten bekamen. Sie wurden geheilt, nachdem wir sie im Namen Jesu von **länderspezifischen Geistern** befreit oder von Woodoozauber und Flüchen losgesprochen hatten. Ein Mann litt nach einer Israelreise 15 Jahre lang an medizinisch unheilbaren Bauchschmerzen. Nachdem wir im Namen Jesu Christi den altbabylonischen Kabbala-Zauber, der in Israel vermutlich über ihm ausgesprochen wurde, entmachtet hatten, war er schmerzfrei und geheilt.

Jesus ist gekommen, um die Werke des Teufels zu zerstören (siehe 1. Johannes 3,8) und er kam, um Gefangene freizusetzen (siehe Lukas 4,18). Wenn

Krankheiten und andere Unglücke bereits bei den Vorfahren aufgetreten sind und sich bis in die Gegenwart auswirken, empfehlen wir die gründliche Reinigung der Familien- und Erblinien durch Gebet.

Näheres zu diesem Thema findest du in:

Christoph Häselbarth, „Zur Freiheit berufen", Verlag Gottfried Bernard 2001, und in:

Derek Prince: „Segen oder Fluch – Sie haben die Wahl", Verlag Gottfried Bernard 2003.

Heilung durch Salben mit Öl

Öl ist in der Bibel immer wieder ein Symbol für den Heiligen Geist. In Jakobus 5,14 wird den Kranken empfohlen, die Ältesten der Gemeinde zu rufen, damit diese sie mit Öl salben und ein Gebet des Glaubens sprechen.

Wir werden oft gefragt: Welches Öl soll man nehmen? Wir empfehlen einfaches Olivenöl oder ein wohlriechendes Öl, über dem wir im Namen Gottes des Vaters, des Sohnes und des Heiligen Geistes beten und den Heiligen Geist bitten, das Öl mit seiner Heilungskraft zu erfüllen.

Sollten keine Ältesten für das Heilungsgebet zur Verfügung stehen, kann man sich auch auf Markus 6,13 berufen: **Sie** (die Jünger) **trieben viele Dämonen aus und salbten viele Kranke mit Öl und heilten sie.** In der Luther-Übersetzung heißt es an dieser Stelle sogar: ... **und machten sie gesund.**

Ist das nicht genial? Wir, seine Jünger, salben die Kranken im Namen Jesu und im Glauben an ihn mit

Öl, und sie werden von Jesus geheilt. Wir haben erlebt, wie an einem Kind nach Salben mit Öl ein Wasserkopf geheilt wurde. Alles Lob und alle Ehre gebührt Jesus.

Befreiung von Wassergeistern

Wassergeister sind bei uns eher unbekannt (im Gegensatz zu Afrika). Wenn Menschen schlimme Erfahrungen mit Wasser gemacht haben, wenn sie zum Beispiel fast ertrunken wären oder auf einem See, Fluss oder auf dem Meer in größte Ängste geraten sind, kann es sein, dass sogenannte Wassergeister bei ihnen eingezogen sind. Die Folgen können sein: Harnwegsprobleme, Nierenprobleme, Hautprobleme (zu feucht oder zu trocken), Übergewicht durch Wassereinlagerung und ähnliches.

Wir empfehlen, zunächst die ganze Situation, in der spezielle Nöte und Ängste in Verbindung mit Wasser aufgetreten sind, unter die Vergebung zu bringen – das heißt, allen zu vergeben, die die Situation verursacht oder in ihr nicht gut reagiert haben. Danach können wir im Namen Jesu Christi die Wassergeister binden und ihnen befehlen, die betroffene Person zu verlassen. Nun können wir im Namen Jesu in den Körper der betroffenen Person Heilung hineinsprechen und die Wiederherstellung der Schöpfungs-ordnung Gottes herbeirufen.

Wenn wir so gegen Wassergeister beten, werden wir erstaunliche, unerwartete Heilungen erleben: Kranke Haut wird geheilt, eingelagertes Wasser wird aus dem Gewebe ausgeschieden, Harnwegsinfekte, Drüsenprobleme und vieles mehr können so geheilt werden. Wir haben die Autorität dazu, denken wir nur an Matthäus 16,19, wo Jesus uns zuspricht: **Und ich will dir die Schlüssel des Reiches der Himmel geben; und was du auf Erden binden wirst, das wird im Himmel gebunden sein; und was du auf Erden lösen wirst, das wird im Himmel gelöst sein.** Wir binden zerstörend wirkende Wassergeister und lösen die heilende Schöpfungsordnung Gottes, das heißt, wir setzen sie frei, bringen sie zur Ausführung.

Spezifisch in das Krankheitsproblem hineinbeten

Wir empfehlen, im Gebet sehr direkt zu werden und ganz spezifisch gegen die Krankheitsnot zu beten, sie direkt anzusprechen. Diese Art zu beten mag für manche Gläubige etwas abgehoben klingen. Aber Jesus hat den Auftrag, Kranke zu heilen, an uns übertragen, an seine Jünger. Deshalb geben wir den Auftrag nicht wieder an Jesus zurück, indem wir ihn bitten, die Kranken zu heilen. Nein, wir beten voll Glauben und in Autorität befehlend direkt in das Krankheitsproblem hinein, weil Jesus uns die Vollmacht gegeben hat, befehlend gegen Krankheitsmächte und gegen Krankheiten zu beten (siehe z. B. Matthäus 10,1).

Ein Beispiel: Bei einem Bandscheibenvorfall fragen wir zunächst, was der Auslöser des Problems sein könnte – „Bist du möglicherweise unbeugsam, rechthaberisch, besserwisserisch, kontrollierend, manipulierend oder stur? Oder trägst du Lasten und

Verantwortung, die für dich zu schwer sind? Bitte für all diese Fehlhaltungen um Vergebung."

Danach sprechen wir dem Rücken im Namen Jesu Christi Begradigung und Stärkung zu, wir rufen neue Bandscheiben aus dem himmlischen Ersatzteillager herunter (wir bitten Jesus um Engel, die sie operativ einfügen) und wir sprechen dem Rücken im Namen Jesu Stabilität und Schmerzfreiheit zu. Wir befehlen den Nerven, ungehindert aus den Wirbelkanälen auszutreten und im Körper heilende Impulse zu geben.

Für übergewichtige Menschen beten wir so:

Im Namen Jesu Christi befehlen wir, dass die Chemie des Körpers wieder vollkommen nach der Schöpfungsordnung Gottes arbeitet, so dass aus allen Zellen überflüssiges Wasser ausgeschieden, überflüssiges Fett verbrannt und das Idealgewicht wieder erreicht wird. Wir beten auch, dass in allen Zellen des Körpers die elektrischen und die magnetischen Frequenzen wieder in die göttliche Harmonie und Balance zurückkehren und die volle Abwehrkraft des Körpers wiederhergestellt ist.

Ähnlich können wir reinigend, heilend, wiederherstellend für alle Organe, Drüsen, Nerven, Knochen, Muskeln etc. beten. Denn *alles* ist möglich dem, der glaubt (Markus 9,23).

Noch ein sehr ermutigender Vers: **Alles, was ihr auch immer im Gebet erbittet** (beansprucht, herbeiruft, einfordert)**, glaubt, dass ihr es empfangt** (oder: empfangen habt)**, so wird es euch zuteilwerden** (Markus 11,24).

Wir lernen, im Namen und in der Vollmacht Jesu glaubensvoll, befehlend und sehr spezifisch in jedes körperliche Problem hineinzubeten. Dabei halten wir im Glauben fest, dass die Heilungskraft Jesu jetzt in der kranken Person drin ist und dass die Heilung nun entweder sofort erfolgt oder sich von jetzt an prozesshaft entwickeln wird. Wir fügen gleich noch ein Dankgebet an, denn in Philipper 4,6 werden wir angewiesen: **Sorgt euch um nichts; sondern in allem lasst durch Gebet und Flehen mit Danksagung eure Anliegen vor Gott kundwerden.** Auch wenn wir so mutig beanspruchend beten, bleibt es natürlich immer noch Gott überlassen, ob, wann und wie er heilt. Denn göttliche Heilung ist ein Gnadengeschenk.

Loslassen von falschen Lasten

Wir sind von Jesus angewiesen, alle Sorgen und Lasten sowie Probleme, z. B. mit Kindern oder Ehenöte völlig an Jesus abzugeben, d.h. auf seinen Altar zu legen und loszulassen. Wenn wir nicht alles, was uns beschwert, ganz spezifisch an Jesus abgeben, können uns diese Lasten krank machen (Nackenverspannungen, Rückenschmerzen, Magengeschwüre etc.).

Auch alles pubertäre, rebellische Verhalten unserer Kinder dürfen und müssen wir an Jesus abgeben und IHM vertrauen, dass er die Kinder führt und zurechtbringt.

Glauben wir, dass er sich um alles kümmert, was wir ihm vertrauensvoll überlassen?

Gebetsempfehlungen

Hier findest du aus unserer Erfahrung Gebetsempfehlungen in Kurzform; du kannst sie anwenden, wenn du um Heilung betest.

Dankbar biblische Heilungsverheißungen annehmen

Jesus, ich danke dir, dass du mir alle meine Sünden vergibst und alle meine Krankheiten heilst. Bitte decke mir auch alle Sünden auf, die der Krankheit möglicherweise eine Eintrittserlaubnis gegeben haben. Wenn ich dir diese Sünden bekenne, wirst du sie mir vergeben und alle meine Krankheiten heilen (siehe Psalm 103,3).

Ich danke dir, Jesus, dass ich dir Bibelverheißungen nennen darf, in denen mir Heilung zugesagt ist (z. B. Jesaja 53,4–5; Matthäus 8,17; 1. Petrus 2,24). Du bist mein Herr und mein Arzt (siehe 2. Mose 15,26). Du sendest dein Wort und machst mich gesund (siehe Psalm 107,20). Du wachst über deinem Wort, das auszuführen, was es besagt (siehe Jeremia 1,12). Ich ergreife die Zusagen deines Wortes, sie sind für mich wie Medizin, die ich täglich mehrmals einnehme (siehe Sprüche 4,20–22). Statt mir Sorgen zu machen, lerne ich mehr und mehr, die Sprache des Glaubens auszusprechen. Denn ich nehme es ernst, was du in deinem Wort sagst: Ich bekomme, was ich sage (siehe Markus 11,23b). Ich ergreife deine Heilungszusagen als meinen Besitz und als meinen Weg zur Heilung.

Ich danke dir, Jesus, du hast immer geheilt, wenn du darum gebeten wurdest. Du bist heute noch derselbe wie damals (siehe Hebräer 13,8). Du hast Heilung nie verweigert und hast nie auf später vertröstet. Deshalb komme ich mit Zuversicht zu deinem Gnadenthron (siehe Hebräer 4,16), um dort meine Heilung abzuholen. Ich ergreife und beanspruche sie im Glauben, ich rechne mit meiner Heilung und betrachte sie schon als gegeben, unabhängig davon, ob ich gleich etwas spüre oder nicht (siehe Markus 11,24). Voll Dankbarkeit ergreife ich die Heilung wie eine Schwangerschaft, die in mir heranwächst. Ich sehe mich innerlich als schon geheilt und stelle mir vor, was ich tun werde, wenn ich wieder gesund bin.

So nehme ich in vollem Glauben Heilung als mein Gnadengeschenk vom Himmel in Besitz. Ich widerstehe den Lügen des Teufels, der mich zum Zweifeln verführen will. Ich sage mir und dem Teufel, dass Heilung wie ein Gnadengeschenk des Himmels schon in mir drin ist und über kurz oder lang zum Vorschein kommen wird – entweder als eine Wunderheilung oder in einem Heilungsprozess.

Befreiung von krankmachenden Mächten

Ich glaube, dass Jesus die Mächte und Kräfte der Krankheit in mir besiegt, die Krankheit und die Schmerzen auf sich genommen und für meine Heilung den vollen Preis bezahlt hat (siehe Kolosser 2,15; Jesaja 53,4–5). Ich bete, dass seine heilende Liebe und seine heilenden Herrlichkeitsstrahlen mich vom Scheitel bis zur Sohle durchströmen. Göttliche Laserstrahlen brennen Entzündungen und Geschwüre weg. Ich darf die reinigende Macht des Blutes Jesu in Anspruch nehmen und meine

Schmerzen immer wieder auf Jesus legen. Durch seine Gnade darf ich meine Heilung erwarten und herbeirufen, denn ich bin gewurzelt und gegründet im Vater und in Jesus (siehe Epheser 3,17.21).

Statt nur bittend zu beten, dürfen wir aktiv im Gebet handeln.

So ergreife ich im Glauben die Vollmacht, die du mir gegeben hast, und gebiete im Namen Jesu Christi, dass alle krankmachenden und zerstörenden Mächte aus mir weichen und unter die Füße Jesu gehen müssen (siehe Matthäus 10,1; Lukas 10,19). Ich darf das Gnadengeschenk meiner Heilung voll Glauben erwarten und ich nehme mehr und mehr meine Berufung an, im Leben mit Jesus zu herrschen (siehe Römer 5,17) – auch über Krankheiten.

Mehr als auf ärztliche Diagnosen bleibe ich auf die Heilungszusagen, auf die Heilungskraft und auf die Heilungswilligkeit Jesu ausgerichtet. Als einem Gerechten, einem Bürger des himmlischen Reiches steht mir Heilung zu.

Ich danke dir, Jesus, dass du mir Vollmacht gegeben hast, spezifische Krankheitsgeister (z. B. Allergie, Arthrose, Epilepsie, Krebs etc.) zu entmachten und im Namen Jesu deine Heilungskräfte in jedes kranke Organ, ja, in jede Zelle hineinzurufen. Das tue ich jetzt: Im Namen Jesu Christi rufe ich in ... die Heilungskraft Jesu hinein!

Vom Sieg Jesu am Kreuz Heilung ergreifen

Ich bringe die Anrechte, die der Krankheit Eintritt gewährt haben (z. B. Anklage gegen ...), und die Krankheiten (z. B. Arthrose) unter das Kreuz Jesu und gebe sie dort in den Tod Jesu. Nun hole ich von der anderen Seite des Kreuzes spezifische Heilungsgnade (z. B. für den Blutdruck) und Ströme von heilender Herrlichkeit ab. Ich danke dir, Jesus, für die vielen Heilungszeugnisse, die dein heilendes Wirken in unserer Mitte bestätigen.

Jesus sagt, wir sollen wie er handeln und die gleichen Werke tun wie er (siehe Johannes 14,12).

Weiter können wir beten:

Ich danke dir, Heiliger Geist, dass du in mir zunimmst, dass die Heilungssalbung in mir zunimmt und dass du mich mehr und mehr mit den Gaben des Geistes beschenkst, besonders mit den Gaben der Heilungen, der Wunder und des Glaubens. Du, Jesus, hast mir Leben in Überfluss zugesagt (siehe Johannes 10,10); das ergreife ich im Glauben.

Danke, dass die Liebe des Vaters, die Heilungsgnade Jesu und die Gemeinschaft des Heiligen Geistes in mir (siehe 2. Korinther 13,13) viel größer und stärker sind als die zerstörende Macht der Krankheit. Durch Jesus in mir bin ich mehr als ein Überwinder und der Heilige Geist beschenkt mich mit göttlicher Heilungskraft und mit Heilungsglauben.

Danke, dass mir durch Jesus in mir allezeit Sieg verheißen ist. Ich halte an Jesu Sieg fest und gebe ihm über kleinen und großen Heilungserfolgen alle Ehre und allen Dank, denn in mir lebt der, der größer ist, und mit ihm sein Sieg (siehe 2. Korinther 2,14; 1. Johannes 4,4).

Danke, dass mir, weil meine Liebe zu Gott fest gegründet ist, alle Dinge zum Besten dienen müssen. Deshalb werde ich Gott über allem, auch über der noch nicht besiegten Krankheit, anbeten und weiterhin vor dem Thron der Gnade meine Heilung glaubend erwarten.

So dürfen wir kühn zum Thron der Gnade kommen und uns in Demut und in Abhängigkeit von Jesus auf die biblischen Verheißungen stellen und mutig Heilung beanspruchen.

Meine Heilung mehr und mehr ergreifen

Wenn wir nicht aus Glauben und in den Ordnungen Gottes und aus Gnade leben, erlauben wir Sünde, Sorgen, Stress, Angst, Ärger und ähnlichem, unser Inneres zu beherrschen. Das tut unserem Immunsystem, unserem Selbstheilungssystem, gar nicht gut, sich gegen diesen Stress wehren zu müssen; es kann umkippen und dann arbeitet es nicht mehr für uns, sondern möglicherweise gegen uns (so entstehen Autoimmun-Erkrankungen).

Wenn unser körpereigenes Abwehrsystem aufgrund von Angst, Stress etc. nicht mehr für uns arbeitet, können Krankheiten in uns Raum gewinnen. Unser Herz und unsere Zellen (Zellerinnerungen!) sind dann erfüllt von Angst (=Unglaube!), Ärger, Schwäche und negativen Erwartungen.

Nun hat möglicherweise das zerstörende Negativ-Programm des Teufels die Oberhand gewonnen – in unserem Körper regieren krankmachende Faktoren (Bakterien, Entzündungen, Krebs, Viren etc.). Was ist zu tun – wie sollen wir um Heilung beten, wie können wir mit der uns von Gott geschenkten Regierungsautorität wieder die Oberhand gewinnen und ein intaktes Immunsystem zurückerhalten?

Zuerst bitten wir um Vergebung dafür, dass wir es zugelassen haben, dass Sünde, Fehlhaltungen, Druck und Stress unser Herz (unsere geistliche Steuerungszentrale) in Besitz nehmen konnten. Es war uns nicht bewusst, aber damit haben wir ja dem Teufel erlaubt, mit seinen Lügen und seinem Zerstörungsprogramm unser Herz und dann auch unsere Körperzellen zu erfüllen. Durch Jesus in uns ist uns Vollmacht gegeben über jede Macht des Bösen (siehe Lukas 10,19). So dürfen wir über das Böse und seine Zerstörungsmacht in uns im Glauben herrschen und regieren (siehe Römer 5,17).

Nach der Bitte um Vergebung, wo ich der Krankheit Anrechte gegeben habe, bitte ich Jesus, durch sein Blut mein Herz und meine Körperzellen von negativen Energien und negativen Erinnerungen zu reinigen:

Im Namen Jesu Christi sende ich heilende Kräfte (göttliche Energien, göttliche Lichtstrahlen und göttliche Herrlichkeit – denn Gott ist Licht und Herrlichkeit) zu allen Nerven und Nervenenden, zu allen Drüsen, zu allen Organen und Zellen, die dafür verantwortlich sind, mein körpereigenes Abwehrsystem wiederherzustellen. Ich bete auch, dass die Bakterien in meinem Darm gemäß der Schöpfungsordnung Gottes auf meinen ganzen Organismus heilend und stabilisierend einwirken, so dass Krankheiten keine Chance mehr haben, sich auszubreiten.

Generell empfehlen wir, nach der Bitte um Vergebung für mögliche Krankheitsauslöser bei Gebeten um Heilung an folgendes zu denken:

- Ich binde und entmachte den eigenen und geerbten Geist der Krankheiten und der Zerstörung.
- Ich binde und entmachte jeden Krankheitsfluch, besonders auch geerbte Generationsflüche.

Statt unter Stress unter Heilungsgnade leben

Ich übergebe Jesus jeden akuten Ärger, alle Schwäche, Bitterkeit, allen Stress in der Gegenwart und aus früheren Jahren samt allen negativen Herz- und Zellerinnerungen und bitte Jesus, dies alles in meinem Körper und auch in meiner Seele durch heilende göttliche Kräfte zu ersetzen.

Es gibt reale, für uns unsichtbare Kräfte. Wir Christen haben ihnen bisher eher weniger Beachtung geschenkt; in diesen Bereich ist die Esoterik vorgedrungen und wir sollten ihn zurückerobern. Im Namen Jesu Christi und in seiner Kraft können auch destruktive energetische Schwingungen unschädlich gemacht werden:

Ich bitte, dass die heilenden Schwingungen und Energieströme Jesu jetzt durch meinen Körper pulsieren:

Im Namen Jesu Christi befehle ich meinem Immunsystem sowie meinen Genen, Nerven und Drüsen, ja allen meinen Zellen, wieder vollkommen und ausschließlich gemäß der Schöpfungsordnung Gottes zu arbeiten. Mein ganzer Körper soll jetzt durch die heilende Kraft Jesu Christi und durch seine heilenden Energieströme wieder völlig hergestellt, entgiftet und in die göttliche Schöpfungsordnung zurückgeführt werden.

Es geht hier um Gottes Schöpfungsordnung, nicht um esoterische Philosophien!

Ich glaube und ich danke dir, Jesus, dass alle Bereiche meines Körpers und meiner Seele jetzt von deinem vollkommenen Heilungs- und Wiederherstellungsprogramm erfüllt sind. Der Weg für umfassende Heilung im Körper und in der Seele ist wieder frei. Das Blut Jesu reinigt und heilt mein Blut. Mein körpereigenes Abwehrsystem ist wieder voll intakt und bekämpft und zerstört alle krankmachenden Kräfte in mir. Ich danke dir, Jesus Christus, du mein Herr und mein Arzt, für das Gnadengeschenk der umfassenden Heilung, das ich jetzt im Glauben in Empfang nehme.

Traumatische Erfahrungen

Bei einer schlimmen traumatischen Erfahrung (Unfall, Schock, Schlimmes ansehen müssen, fast Ersticken, fast Ertrinken, extreme Angstsituation etc.) ziehen oft Angst und Depression in uns ein, das Immunsystem wird geschwächt. Schlafstörungen, Krankheitsanfälligkeit, Hoffnungslosigkeit und Suchttendenzen können die weitere Folge sein.

Ein Geist des Traumas hält Einzug. Auch starker Ehestreit oder Scheidung, Verlust der Arbeitsstelle, schlimme Finanzprobleme oder zu Herzen gehende

Todesfälle etc. können die offene Türe für Trauma-Geister sein.

Indem wir zuerst dem vergeben, der das Trauma verursacht hat und dann den Trauma-Geist im Namen Jesu binden und befehlen zu gehen, können wir erstaunliche Heilungen erleben.

Der vom Trauma Betroffene sollte folgendes Gebet sprechen: „Im Namen Jesu Christi befehle ich dem Geist des Traumas und dem Geist der Furcht, von mir zu weichen. Ich nehme die mir von Jesus geschenkte Freiheit und Heilung an."

Vorsicht vor Tradition, die Heilung verhindert

Gott sagt: **Denn ich bin der Herr** (euer Arzt)**, der euch heilt!** (2. Mose 15,26 HFA).

Ungute Tradition sagt:

Es ist nicht immer Gottes Wille, zu heilen.

Göttliche Heilung gab es früher, bei den Aposteln, aber heute gilt das nicht mehr.

Gott möchte sich in der Krankheit verherrlichen, sie dient zu deiner Läuterung.

Du hast wohl zu wenig Glauben.

Diese vier Aussagen aus unguter Tradition entstammen nicht dem Wort Gottes. Sie bewirken, dass Heilung verhindert wird.

Die Wahrheiten des Wortes Gottes sind:

Jesus starb am Kreuz auch für unsere Heilung. Durch Jesu Wunden sind wir geheilt – Heilung steht uns zu, wir dürfen sie im Glauben ergreifen. 1. Petrus 2,24 besagt, dass Gott uns bereits geheilt hat. Jesu Glaube nimmt in uns zu.

Manchmal hören wir: Du hast für deine Schuld und Sünden nicht ausreichend um Vergebung gebeten, deshalb bist du krank. Das stimmt nicht. Heilung ist ein Gnadengeschenk für alle – auch für Sünder. Jesus sagte nie: du musst erst um Vergebung bitten, bevor ich dich heile. Aber unsere Bitte um Vergebung nimmt dem Teufel das Anrecht, uns weiter mit Krankheiten zu plagen.

Jesus beauftragte seine Jünger – das sind heute wir –, die Kranken zu heilen und die gleichen Werke zu tun wie er (siehe Matthäus 10,1.8; Johannes 14,12). Jesus hat uns dazu berufen und bevollmächtigt.

Jesus möchte sich durch Heilungen verherrlichen. Menschen preisen Jesus und bekehren sich zu ihm, wenn sie durch sein Wirken geheilt werden.

Heilung behalten

Was können wir tun, nachdem wir von einer Krankheit oder von Schmerzen geheilt worden sind? Wie können wir verhindern, dass wir unsere Heilung wieder verlieren, die Jesus für uns am Kreuz erworben hat? Er will, dass wir in Gesundheit leben. Aber der Teufel versucht oft, die Krankheit wieder zurückzubringen; doch wir sollten uns bewusst sein, dass er dazu **kein** Recht hat. Heilung steht uns zu!

Der Feind kann uns nicht ohne weiteres wieder eine Krankheit schicken. Er kann aber Symptome verursachen, z. B. Schmerzen, in der Hoffnung, dass wir mit Zweifel und Unglauben reagieren und ihm dadurch eine Tür öffnen – und dann kann die Krankheit zurückkommen. Stattdessen sollen wir uns wehren und die Symptome nicht annehmen, sondern ihnen widerstehen. Wie kann das aussehen?

Lass dich nicht zu negativen Bekenntnissen verführen. Sag nicht: „Nun sind die alten Schmerzen doch wieder zurückgekommen" oder „Ich habe es ja schon befürchtet, dass die Heilung nicht von Dauer sein wird" etc. Solche Aussagen gäben der Krankheit eine neue Daseinsberechtigung; Jesus sagt: „Dir geschehe nach deinem Glauben", und unsere Worte haben Macht.

Stattdessen können wir befehlen:

Schmerzen, weicht von mir! Im Namen Jesu Christi! Jesus hat meine Krankheit getragen, durch seine Wunden bin ich geheilt und ich bleibe es auch! Verschwindet!

Wir sollen uns unserer Vollmacht, die wir in Jesus haben, bewusst sein und die Symptome energisch zurückweisen!

Um die erlebte Heilung zu behalten, sollten wir in erster Linie unseren Glauben aufbauen, d. h. in enger Beziehung zu Jesus leben und uns viel mit dem Wort Gottes beschäftigen und es anwenden.

Jesus ist unser Heiland und er ist der Anfänger und Vollender unseres Glaubens. Nehmen wir uns Zeit, wie Maria zu seinen Füßen zu sitzen, ihm zuzuhören und von seiner Liebe gefüllt zu werden.

Je mehr wir uns mit dem Wort Gottes beschäftigen, desto mehr wird es in uns zur Substanz, es rutscht vom Kopf in unser Herz.

Die Bibel lehrt uns, dem Feind und allem, was von ihm kommt, zu **widerstehen.**

In Jakobus 4,7 heißt es: **So unterwerft euch nun Gott! Widersteht dem Teufel, so flieht er von euch.** Jesus selbst hat ihm mit dem Wort Gottes widerstanden: „**Es steht geschrieben ...**" (Matthäus 4,7).

In Nahum 1,9 steht: **Die Drangsal wird sich nicht zum zweiten Mal erheben.** Jesus hat die Mächte und Gewalten (die auch hinter Krankheiten stehen) entwaffnet und einen großen Sieg errungen (siehe Kolosser 2,15). Sie haben also kein Recht, einfach wiederzukommen.

Ich selbst, Utta, wurde während eines Gottesdienstes durch Gebet von einem Rückenleiden und starken Ischias-Schmerzen geheilt. Von einem Moment auf den anderen war ich völlig schmerzfrei. Es war eine Wunderheilung!

Aber am nächsten Tag begannen die Schmerzsymptome wiederzukommen und ich musste lernen, mit Bibelworten zu widerstehen. Wohl fünfzehn bis zwanzig Mal musste ich den Feind zurückweisen: „Schmerzen, weicht im Namen Jesu Christi, durch seine Wunden ist mir Heilung widerfahren!" (siehe 1. Petrus 2,24)

Das ging so mehrere Tage hintereinander, bis sie endgültig gewichen waren. Bis heute bin ich für meine Heilung dankbar und genieße sie!

Wenn wir bei einer Krankheit die **Hintergründe** erkannt haben – was zu der Krankheit geführt hatte, und was dann dem Feind die Tür geöffnet hat, dass die Krankheit zurückkommen kann –, dann sollten wir uns nicht mehr erlauben, in diese Haltung (z. B. nicht zu vergeben) zurückzufallen. Es könnte sonst noch schlimmer werden als zuvor!

Wenn wir erkennen, dass wir Fehler gemacht haben, wollen wir diese Fehler ja nicht weiterhin tun. Wir haben dafür um Vergebung gebeten und unsere Lektion gelernt – und nun gilt es, unser Denken zu erneuern, um nicht wieder in dieselbe Sündenfalle zu geraten, z. B. in Bitterkeit. Stattdessen lernen wir nun und üben es bewusst ein, ein Leben in völliger Vergebungsbereitschaft zu führen.

Ein starker Schutz vor der Wiederkehr einer Krankheit ist, dass wir das Danken, Loben und die Anbetung zu unserem Lebensstil machen. Denn je mehr wir uns mit dem Thema Heilung beschäftigen und sehen, wie der Herr nach Gebet innere und körperliche Heilung schenkt, desto mehr wächst in uns die Dankbarkeit.

Wir können unseren Heiler und Heiland nur loben und ihn anbeten und ihm die Ehre geben dafür, dass wir immer mehr Heilungen sehen dürfen. Jesus, das Lamm Gottes, ist wirklich würdig, Ehre, Preis und Anbetung zu bekommen.

Heilungen und Wunder, die wir erfahren haben, sollten voll Dankbarkeit bezeugt werden. Wenn das nicht geschieht, könnten die Heilungen und Wunder wieder verloren gehen, weil wir das übernatürliche Wirken Gottes nicht ehren und bestätigen. Durch unser Zeugnis drücken wir aus, dass wir für die übernatürliche Welt der Heilungen und Wunder uneingeschränkt offen sind. Wahrscheinlich wird Gott über unserem Zeugnis so begeistert sein, dass er vermehrt Heilungen und Wunder schenken wird.

Altersbeschwerden – normal?

Wenn du schon älter bist, ist es besonders lohnend, darauf zu achten, was du denkst und aussprichst. Bitte sag nicht: „Ja, im Alter stellen sich eben diese und jene Altersbeschwerden ein, das ist doch normal." Sage lieber:

Herr, ich bitte darum, auch im Alter gesund sein zu dürfen. Lass mich möglichst in Gesundheit sterben. Denn du sagst in deinem Wort: **Noch im Alter tragen sie Frucht, sind saftvoll und frisch** (Psalm 92,15), und: **Der dein Leben vom Verderben erlöst, der dich krönt mit Gnade und Barmherzigkeit; der dein Alter mit Gutem sättigt, dass du wieder jung wirst wie ein Adler** (Psalm 103,4.5). Danke, Jesus Christus, du Herr aller Herren.

Nimm deine Rechte in Anspruch, die dir im Wort Gottes zugesagt sind und die Jesus für dich erworben hat. Er kam, **um die Werke des Teufels zu zerstören**, und er hat für dich Wohlergehen und **Leben im Überfluss** erkauft (siehe 1. Johannes 3,8; Johannes 10,10).

Wir empfehlen natürlich sehr, auf gesunde Ernährung zu achten und sich möglichst regelmäßig zu bewegen. Doch darüber ist in anderen Büchern schon viel Gutes geschrieben worden.

Heilung durch eine erneuerte Gesinnung

Um Heilung zu bekommen und in Gesundheit zu leben, benötigen wir einen erneuerten Sinn, so wie es in Römer 12,2 genannt ist.

Und passt euch nicht diesem Weltlauf an, sondern lasst euch in eurem Wesen verwandeln (auch heilen) **durch die Erneuerung eures Sinnes, damit ihr prüfen könnt, was der gute und wohlgefällige und vollkommene Wille Gottes ist.**

Was ist ein erneuerter Sinn?

Es ist ein im Sinne Jesu erneuertes Denken, das Erstreben neuer Ziele, eine erneuerte Herzensgesinnung.

Wenn es um Heilung geht, denkst und sprichst du nicht mehr ständig über die Krankheit, über Schmerzen und Symptome, auch nicht über ärztliche Diagnosen, sondern darüber, dass Jesus, der Heiler, in dir wohnt. Er hat für dich Heilung erworben, er hat deine Schmerzen auf sich genommen, durch seine Wunden bist du geheilt. (siehe Jesaja 53,4.5; Matthäus 8,17; 1. Petrus 2,24)

Sprich immer wieder Heilungs-Bibelstellen aus, bis sie zu einer Herzensgewissheit geworden sind. Sage z. B. zu dir selbst: Geliebter ..., Jesus und ich wünschen, dass es mir in allem wohlgeht und ich gesund bin, wie es meiner Seele wohlgeht (siehe 3. Johannes 2).

Der erneuerte Sinn beinhaltet, dass dein Denken, dein Sprechen und dein Inneres nicht mehr ausgerichtet ist auf die Krankheit, auf negative Aussagen und Erfahrungen, auf die Umstände, auf Zukunftssorgen und schlimme Diagnosen, sondern auf:

Jesus, der Heiler in dir, der heute noch genauso heilt wie vor 2000 Jahren. Du proklamierst Bibelworte über Heilung und bittest den Heiligen Geist, dein Denken und dein Herz zu füllen mit Glauben an deine Heilung.

Du siehst dich in deiner Vorstellung als völlig wieder hergestellt. Du siehst, wie Engel das Gnadengeschenk der Heilung aus dem Himmel zu dir bringen (wie im Himmel so auf Erden). Du trittst an der Hand Jesu bewusst aus dem Krankenstand heraus und sagst, Jesus du bist gekommen, dass ich ein Leben in Fülle und Wohlergehen geschenkt bekomme. (siehe Johannes 10,10b)

Im Namen Jesu befiehlst du allen Krankheitsmächten, von dir zu weichen, weil Jesus dich dazu beauftragt und bevollmächtigt hat. Durch Jesus in dir bist du auch berufen und bevollmächtigt, in Heilung zu denken, zu sprechen und Heilung für dich und für andere in Anspruch zu nehmen (siehe Matthäus 10,1).

Es klingt unrealistisch, aber es ist so: Wir haben die Wahl, ob wir in Krankheit und Schwäche oder in Heilung, Wohlergehen und Freiheit denken, sprechen und leben werden. Damit ist nicht gesagt, dass sich das Leben in Gesundheit sofort einstellt. Es kann einen länger dauernden Lernprozess beinhalten, bis unser Sinn erneuert ist und sich die erbetenen Ergebnisse einstellen. Es geht um einen gesunden geistlichen Wachstumsprozess und um den guten Kampf des Glaubens.

Die Erneuerung unseres Sinnes wird gefördert, indem wir uns für eine Herzenshaltung der Demut entscheiden. Demut bedeutet, dass wir zustimmen, in jeder Situation völlig von Jesus abhängig zu sein.

Wenn dann noch unsere Gedanken und Worte von Zusagen des Wortes Gottes erfüllt sind, ist die Tür für unsere Heilung weit offen. Denn: Das Wort Gottes wird nicht leer zurückkommen. – Es bleibt nicht wirkungslos. Es erfüllt, was es aussagt. (siehe Jesaja 55,11)

Fassen wir noch einmal zusammen, wie ein erneuerter Sinn wirkt:

Während du für dich um Heilung betest, empfindest du eine tiefe Nähe und Verbundenheit mit Jesus. Er spricht dir zu, dass er dich liebt und deine Krankheit auf sich genommen hat und dir das Geschenk der Heilung geben möchte. Er fügt hinzu: Ich gebe dir mein Wort darauf – ich habe den Preis dafür bezahlt.

Du sagst darauf: Danke Jesus, ich nehme meine Heilung im Glauben an, auch wenn ich nicht sofort etwas sehe oder spüre. Ich weiß, du willst und wirst mich heilen. Ich vertraue deinem Wort mehr als meinen Umständen und Gefühlen.

Der Heilige Geist, dein Helfer, unterstützt dich und beschenkt dich mit Frieden und einer inneren Gewissheit. So sagst du zu Jesus und zu dir selbst: Danke, Jesus, die Heilung ist nun in mir drin und sie ist stärker als eventuell noch vorhandene Schmerzen und Symptome.

Denn wovon das Herz voll ist, davon redet der Mund (Matthäus 12,34). Man kann es auch so sagen:

Denn wie der Mensch in seinem Herzen denkt, so redet er. – So sagst du jetzt mit Überzeugung: Durch Jesu Wunden bin ich geheilt. (siehe 1. Petrus 2,24)

Deine innere Überzeugung wird zu einer Gedankenfestung. So lebst du mit einem erneuerten Sinn – und wirst bekommen, was du sagst. (siehe Markus 11,23b)

Und dennoch bleibt eine Spannung von Zusagen und Erfüllung bestehen.

Ja, wenn wir um Heilung beten, leben wir in einer Spannung zwischen Heilungsaussagen des Wortes Gottes und deren erfahrenen oder noch nicht erfahrenen Erfüllungen. Es bedarf göttlicher Sicht und göttlichen Glaubens, um damit gut umzugehen. Gottes Zusagen sind wahr, aber wie und wann Gott sie erfüllt, hat er sich vorbehalten. Wir sollten uns hüten, deshalb Gottes Güte und seine Entscheidungen in Frage zu stellen.

Ohne erneuerten Sinn des Betenden und möglichst auch des Kranken bleiben Heilungsgebete oft wirkungslos. Wenn dein Herz mit Gutem (Heilungsglaube) gefüllt ist, bringst du Gutes (Heilung) hervor. (siehe Matthäus 12,35)

Lerne, übe, nicht mehr primär bezogen auf Umstände zu leben, nicht mehr auf Gefühle, Erfahrungen, Menschenmeinungen, wissenschaftliche Erkenntnisse, ärztliche Diagnosen, Lügen des Teufels oder was die Mehrheit sagt,...

Sondern stelle darüber: deine Beziehung zu Jesus und deine Ausrichtung auf sein Wort. Sei bemüht, dein Herz zu füllen mit Glauben, mit Zuversicht, mit

Wortproklamationen, mit einer großen Lebensvision, mit Sorglosigkeit, mit Erwartung von Hilfe vom Thron der Gnade und von Engeln. Nimm ständig Wort Gottes zu dir in deine Gedanken, in deine Augen, Ohren und in dein Herz – wie Medizin (siehe Sprüche 4,20-22)

Binde im Namen Jesu die Krankheitsmächte, bete viel in Sprachen und beginne Dinge zu tun, die du eigentlich nicht tun kannst. Und danke dem Herrn für jeden kleinen Fortschritt. So lernte ein MS-Kranker, der bereits im Rollstuhl saß, wieder neu zu laufen.

Z. B. war das Volk Israel, nachdem Gott es aus Ägypten herausgeführt hatte, in seinem Denken und in seinen Herzenshaltungen erfüllt von Unzufriedenheit, Unglaube, Anklage, Rebellion, von einem negativen Selbstbild und rückwärts gerichteter Negativsicht .... All das verhinderte ihren Einzug ins verheißene Land.

Der Teufel ist immer bemüht, deinen Blick wegzulenken von Jesus, hin auf Wogen und Wellen, wie er es bei Petrus tat. Sei gewappnet mit einem erneuerten Sinn und einem festen Herz.

Überleg einmal, was du in dir trägst und unter dem Kreuz ablegen solltest: Negative Denk-, Sprech- und Verhaltensmuster, Zweifel, resignative Herzenshaltungen, Unzufriedenheit, Rebellion, verborgene, ungute Forderungen und Erwartungen ... ? Denn, was du in dir trägst und sagst, bekommst du.

Du musst mit den Folgen deiner Worte leben, seien sie nun gut oder böse. (Sprüche 18,20 HFA).

Tod und Leben steht in der Gewalt der Zunge.
(Sprüche 18, 21)

Du wirst das erleben, was in deinem Herzen ist – Gutes oder Schlechtes. Wenn dir das nicht gefällt, was du immer wieder erlebst (z. B. Mangel, Krankheiten, Ablehnung etc.), fang an, deinen Sinn durch gute Zusagen des Wortes Gottes zu erneuern. Beginne, dein Herz und deinen Mund mit guten Zusagen aus dem Wort Gottes zu füllen, und dein Leben wird sich grundlegend ändern.

Dann komme heim in die Arme des liebenden Vaters und beginne ständig zu denken und zu sagen: Jesus hat alle meine Krankheiten und Gebrechen auf sich genommen. Er hat den Preis für jede Heilung bezahlt. Jesus will und wird durch mein Gebet alle Krankheiten und alle Gebrechen heilen. Er ist mein Herr und mein Arzt. Ich danke ihm und preise ihn, dass er mich wie versprochen mit einem Leben in Fülle beschenken wird.

Wir meinen, es wäre möglich, ständig glaubensvoll, heilungserwartend zu denken und zu sprechen.

Heilung durch Erkenntnis, Weisheit und Offen-barung

Gott möchte uns gerne heilen.

Er tut es manchmal einfach so aus Gnade. Er heilt, weil der Kranke, der Beter oder beide von Glauben an Heilung erfüllt sind.

Gott heilt unter der Kraftwirkung und Befreiung durch den Heiligen Geist.

Bevor Gott heilt, beschenkt er einen oder mehrere Anwesenden mit Erkenntnis (Gabe der Erkenntnis) oder mit Weisheit (Wissen, was im Himmel freigesetzt ist und heruntergeholt werden kann), oder Gott heilt durch Offenbarung – er offenbart seine Gedanken, Pläne, Wunder, Krafttaten einem oder mehreren der Beteiligten.

Alle diese übernatürlichen Dinge muss man erbitten, erwarten, ergreifen, in die natürliche Welt hineinrufen. Es geht um das Wie, das Jetzt, das Aktivieren, Im-Glauben-Ergreifen – nicht passiv nichts tun.

Manchmal heilt Gott ganz souverän, weil seine Herrlichkeit alles übernimmt – ohne menschliches Dazutun.

Zur Heilung durchbrechen

Wir werden oft gefragt, wie man bei einer für medizinisch unheilbar erklärten Erkrankung beten könnte.

In den folgenden sechs Gebetsempfehlungen haben wir manches zusammengefasst, was z. T. bereits gesagt wurde, und geben praktische Gebetsanregungen, um zu Heilung durchzubrechen.

Eine Frau, die an einer medizinisch unheilbaren Krankheit erkrankt war, wurde wieder gesund, nachdem sie etwa ein Jahr lang anhaltend an sechs biblischen Gebetsanweisungen entlang gebetet hat.

Die ärztliche Diagnose gab ihr nur noch wenige Wochen Lebenszeit; doch sie entschied sich, ihr ganzes Vertrauen auf Jesus und die Heilungszusagen der

Bibel zu setzen. Sie nahm sich jeden Tag ausgiebig Zeit zum Gebet anhand der folgenden sechs Gebetsschritte – und ein Jahr später war sie gesund! Das muss aber kein Einzelfall bleiben, jeder Kranke könnte ähnlich anhaltend um Heilung beten und glaubensvoll Heilung erwarten. Diese sechs Gebetsempfehlungen sind kein Rezept, um sich die Heilung zu backen, sondern biblische Aussagen und Weisungen, die wir befolgen können, um Heilung zu bekommen.

1. Schau auf Jesus und bete ihn an

Beginne deine Gebetszeit damit, dass du von deinem Krankheitsproblem wegschaust und auf Jesus siehst, ihn preist und anbetest. Gott wohnt im Lobpreis seines Volkes (siehe Psalm 22,4); ihn anzubeten öffnet den Himmel über dir, verändert dein Denken und richtet dich aus auf den Sieg Jesu. Erwarte Heilung von Jesus, auch wenn die Ärzte eine ernste Diagnose mit schlechten Aussichten gestellt haben. Denn Jesus, dein großer Arzt und Heiler, lebt in dir.

Jammere nicht über die Not der noch bestehenden Krankheit, sondern preise Jesus, der die Krankheitsnot schon besiegt hat und der Heilung für dich bereithält.

Diese Bibelstellen zeigen, wie durch Lobpreis und Anbetung göttliche Siege und göttliche Hilfe freigesetzt werden:

„Ich preise dich, Herr! Wenn ich zu dir um Hilfe rufe, dann werde ich vor meinen Feinden gerettet" (Psalm 18,4 HFA).

Der HERR lebt! Gepriesen sei mein Fels! Der Gott meines Heils (und meiner Heilung) **sei hoch erhoben!** (Psalm 18,47).

Singt dem Herrn ein neues Lied, singt dem Herrn, alle Welt! Singt dem Herrn, preist seinen Namen, verkündet Tag für Tag sein Heil (auch Heilung von unheilbarer Krankheit; Psalm 96,1–2).

Übrigens eignet sich der ganze Psalm 96 sehr gut, um den Herrn zu preisen. Nimm ihn Vers für Vers durch, wiederhole seine Aussagen mit eigenen Worten, singe sie.

Mach dich eins mit den Engeln, die Tag und Nacht vor dem Thron Gottes anbeten und rufen: **Heilig, heilig, heilig ist der Herr, Gott der Allmächtige, der war und der ist und der kommt!** (Offenbarung 4,8)

Er kommt auch zu dir – mit dem Gnadengeschenk der Heilung.

In einer militärisch aussichtslosen Situation wies König Joschafat die Leviten (die Anbeter) an, seinem Heer voranzugehen, als sie dem Feind entgegenzogen. Dabei priesen sie Gott mit dem Lied: **Dankt dem Herrn, denn seine Gnade währt ewiglich!** (2. Chronik 20,21)

Nicht durch kriegerische Stärke, sondern auf Grund dieses Lobpreises schenkte Gott Joschafat und seinem Heer einen überwältigenden Sieg.

Geschlagen und gefesselt in einem Gefängnis priesen Paulus und Silas um Mitternacht den Herrn. Ihre Füße waren in einem Holzgestell gefesselt – eine wahrlich schmerzhafte Lage. In dieser aussichtslos erscheinenden Situation löste ihr Lobpreis ein Erdbeben aus, die Gefängnistüren öffneten sich und der Kerkermeister bekehrte sich samt seinem ganzen Haus (siehe Apostelgeschichte 16,23–34).

Lobpreis und Anbetung setzt das heilende und befreiende Handeln Gottes frei. Gottes Herz wird nicht durch Jammern, sondern durch Lobpreis und Anbetung zu heilendem Handeln bewegt. Deshalb entscheide dich, von der „Jammerstraße" in die „Lobpreisstraße" umzuziehen, und erwarte dort dein Gnadengeschenk der Heilung.

Erbitte, glaube und erwarte immer Jesu Heilungsgnade

Wir preisen Jesus über allen Krankheitsnöten, aber wir preisen auch schon seine Heilungsgnade.

Durch ihn (Jesus) lasst uns nun Gott beständig ein Opfer des Lobes darbringen, das ist die Frucht der Lippen, die seinen Namen bekennen! (Hebräer 13,15).

Wir singen z. B. nach unserer eigenen Melodie: **Dankt dem Herrn, denn er ist gütig, ja, seine Gnade währt ewiglich!** (Psalm 118,1). **Der mir alle meine Sünden vergibt und heilt alle meine Gebrechen. Der mein Leben vom Verderben erlöst, der mich krönt mit Gnade und Barmherzigkeit. Der mein Alter mit Gutem sättigt, dass ich wieder jung werde wie ein Adler** (nach Psalm 103,3–5).

In unsere Anbetung lassen wir Heilungszusagen aus dem Wort Gottes einfließen (statt zu jammern), denn der Herr sagt: **Ich werde über meinem Wort wachen, um es auszuführen** (Jeremia 1,12).

Man kann sich auch immer wieder eine CD mit Heilungsbibelstellen anhören (zum Beispiel „Jahwe Rapha – Bibelstellen zur Heilung" von Pfr. Ulrich Nellen; erhältlich beim Josua-Dienst e.V.).

Erwarte, dass sich durch deine Anbetung der Himmel öffnet und Gottes Herrlichkeit durchbricht – auch in Form von Heilungsgeschenken.

2. Jesus in dir, die Hoffnung der Herrlichkeit

Statt über die Krankheitssymptome nachzudenken und zu jammern, sage laut und vernehmlich, **wer Jesus in dir ist und wer du in Jesus bist.** Sage es so, dass es dein Körper, deine Seele, der Teufel und die himmlische Welt hören können:

„Jesus in mir ist mein Erretter und mein Erlöser" (nach 1. Korinther 1,30).

„Jesus hat mir seine Gerechtigkeit gegeben. Ich bin eine Gerechte bzw. ein Gerechter, nicht mehr ein armer Sünder, sondern eine neue Kreatur. Ich bin bevollmächtigt, Kranke zu heilen und Dämonen auszutreiben" (nach Matthäus 10,1.8).

„Jesus hat meine Gebrechen weggenommen und meine Krankheiten getragen" (nach Matthäus 8,17).

„Jesus hat meine Sünden (also auch Krankheitsanrechte) an seinem Leib auf das Kreuz hinaufgetragen, so dass ich jetzt den Sünden gegenüber gestorben bin. Ja, durch seine Wunden bin ich geheilt" (nach 1. Petrus 2,24).

„Jesus ist mein guter Hirte" (nach Psalm 23).

„Jesus ist meines Lebens Kraft" (nach Psalm 27,1).

„Jesus hat mich mit Heiligem Geist und mit Kraft getauft" (nach Apostelgeschichte 1,5.8).

„Durch Jesus sind seine Weisheit und die heilende Kraft des Kreuzes und des Blutes Jesu in mir" (nach 1. Korinther 1,18.30).

„Durch Jesu Blut habe ich freien Zugang zu Gottes Heiligtum" (nach Hebräer 10,19).

Es gibt in der Bibel noch über hundert weitere Aussagen, die uns unseren Stand und unsere Rechte als Miterben Christi bestätigen; sie alle dürfen wir für uns (möglichst laut) aussprechen und in Anspruch nehmen. Wir sollen der Krankheit und dem Teufel widerstehen mit den Worten, die auch Jesus gebrauchte: Es steht geschrieben … So werden unser Stand in Jesus und unser Glaube an Heilung gefestigt.

Sicher hilft es, sich hundert oder mehr Zusagen aus der Bibel aufzuschreiben, die bezeugen, **wer Jesus in dir ist und wer du in Jesus bist** und was Jesus für dich erworben hat. Sprich diese Zusagen immer wieder laut aus, bis dein Herz davon völlig überzeugt und erfüllt ist.

Selbst wenn du Schmerzen hast, bemühe dich, deinen Blick und deine Gedanken weiterhin auf Jesus und seine Heilungszusagen ausgerichtet zu halten. Jesus in dir ist dein Heiler und deine Hoffnung auf Herrlichkeit.

Und wenn du trotz intensiven Gebets nicht geheilt wirst?

Dann preist du immer noch Jesus als deinen Herrn über Leben und Tod, mit dem du im Himmel die Ewigkeit verbringen wirst.

Wenn mir auch Leib und Seele vergehen, so bleibt doch Gott ewiglich meines Herzens Fels und mein Teil. (Psalm 73,26) Man kann auch sagen: Wenn auch meine Kräfte schwinden und mein Körper mehr und mehr verfällt, so gibt doch Gott meiner Seele Halt. Er ist alles, was ich brauche – für jeden Tag bis zu meinem Ende.

3. Lebe mit der Kraft des Kreuzes

Das Kreuz ist der Ort, wo Jesus Christus für unsere Errettung und für unsere Sünden starb und wo er die Heilung für uns erworben hat. Das heißt, wir dürfen zum Kreuz kommen, um von dort unsere seelische und unsere körperliche Heilung abzuholen. Es ist auch der Ort, wo wir neue Lebenskraft empfangen sowie die Fähigkeit zu lieben und unser Leben nach den Ordnungen Gottes zu gestalten.

Durch das Kreuz haben wir Zugang zu einem unbeschreiblichen Schatz, einem Geheimnis, nämlich zu Jesus in uns, der Hoffnung der Herrlichkeit – und damit zu einer Lebens- und Weltrevolution sowie zu unserer Heilung. Wie können wir am Kreuz unsere Heilung und ein völlig neues, erfülltes Leben abholen?

Aus Liebe zu uns hat Jesus am Kreuz eine vollkommene Erlösung für uns erworben, die auch die Heilung seelischer und körperlicher Krankheit einschließt. Paulus schreibt: Für uns Christen, die wir durch Jesus errettet sind, ist das Kreuz eine Gotteskraft (siehe 1. Korinther 1,18).

Und nun ganz praktisch: Besorge dir oder bastle dir selbst ein ganz einfaches Kreuz. Nimm dir Zeit, und nun komme mit einem gläubigen und vergebenden Herzen im Gebet zu diesem Kreuz. Lade am Fuß des Kreuzes detailliert alle deine Sorgen, Lebenslasten, Nöte und alle Krankheiten ab. Nimm dir Zeit dafür, vor dem Kreuz all das Schlechte und alle Krankheiten zu benennen und abzulegen, und sage dazu: „Ich gebe das alles jetzt in den Kreuzestod Jesu." Geh dann (mit deinen Füßen oder in deiner Vorstellung) auf die andere Seite des Kreuzes und sage: „Ich hole jetzt vom Kreuz eine göttliche Lösung für jeden Lebensbereich und meine umfassende Heilung ab." Und nimm dir wieder die Zeit, alles Gute und deine Heilung und das Wesen Jesu in dir im Detail abzuholen.

So geht vom Kreuz Kraft der Heilung aus, für jeden von uns und auch für dich ist sie real abholbereit vorhanden.

In deinem Gebet sagst du etwa so: Ich entmachte vor dem Kreuz Jesu alle negativen Aussagen, Prägungen, Gewohnheiten, Flüche, negativen Bündnisse, negativen Versprechen und Festlegungen von mir selbst und von den Vorfahren der vergangenen Generationen (bis zu zehn Generationen). Ich entmachte in diesem Gebet auch alle Unreinheiten, Schwächen, Erbkrankheiten, Lügen, Verführbarkeiten, inneren Mangel, Ängste, Traumafolgen und alle ungöttlichen Krankheitsanrechte, die ich von meinen Vorfahren in meinen Genen geerbt haben könnte.

Danach holst du alles Gute und Vollkommene – auch vollkommene Heilung – von der anderen Seite des Kreuzes ab.

Danach sagst du: Ich trenne mich bewusst davon, vom Baum der Erkenntnis von Gut und Böse zu leben (= selbstorientiertes Leben) und lebe ausschließlich und konsequent vom Baum des Lebens (= Jesus Christus in mir, ganz real). Damit habe ich Zugang zu allen Ressourcen und Schätzen des Himmels – auch zu himmlischer Heilungs- und Wiederherstellungskraft.

Aus 1. Petrus 2,24 u. a. wissen wir: Jesus hat unsere Sünden (Nöte, Defizite, Krankheiten) am Kreuz getragen, damit wir nicht mehr unter der Sünde (und damit Krankheitsauslösern) stehen, sondern als Gerechte (von Gott Angenommene) leben. Wir sind durch seine Wunden heil geworden.

Das Kreuz ist der außerordentlichste Ort im ganzen Universum, von ihm gehen unvorstellbare, unerklärbare göttliche Heilungs- und Wiederherstellungskräfte aus. Es ist schwer nachzuvollziehen, dass nur relativ wenige Christen im Alltag mit der Kraft des Kreuzes leben und somit nur wenige die befreiende und heilende Kraft des Kreuzes erfahren.

Deshalb: Komm zum Kreuz, lebe mit der Kraft des Kreuzes und hole von dort deine Heilung ab.

(Zu dem Thema „Die Kraft des Kreuzes" empfehlen wir: Michael Herwig, „Komm zum Kreuz", Schleife

Verlag 2009, und: Wilkin van de Kamp, „Die sieben Wunder des Kreuzes", Asaph 2014.)

3.1 Glaube an die übernatürliche Kraft des Kreuzes

Jesus hat am Kreuz den Preis für unsere Heilung bezahlt und damit Heilung für dich und mich verfügbar gemacht. Versuche das zu glauben, auch wenn viele Christen in deinem Umfeld noch nicht geheilt sind.

Denke und bete so als ob du dich schon geheilt siehst. Glaube an die Worte Jesu: **Es ist vollbracht** (Johannes 19,30). Jesus hat am Kreuz den Sieg errungen über Sünde, Nöte und Krankheiten. Betrachte die Krankheit nicht als eine existente Tatsache, sondern als eine von Jesus besiegte Macht.

Überwinde die noch vorhandene Krankheit durch den Glauben an die Vollmacht, die du von Jesus bekommen hast und die dich befähigt, der Krankheit und allen Mächten hinter der Krankheit zu widerstehen. Halte an Jesu Sieg über die Krankheit fest, bis über kurz oder lang die volle Heilung erfolgt ist.

Die Wahrheit des Wortes Gottes ist stärker als noch vorhandene Krankheitssymptome. Erwarte die Heilung gemäß dem Zeitplan Jesu.

Da wir doch mit Jesus schon an himmlischen Plätzen sitzen (siehe Epheser 2,6) und den Sinn Christi haben (siehe 1. Korinther 2,16), lernen wir unsere Heilung von dem schon errungenen Sieg Jesu her zu erwarten. Das klingt alles sehr herausfordernd, besonders wenn du schon länger um Heilung betest und doch noch nicht geheilt bist. Aber du hältst an der Wahrheit des schon errungenen Sieges Jesu fest.

So kannst du die übernatürliche Heilungskraft und Heilungsgnade der Auferstehung Jesu zu deiner Gesundung in Anspruch nehmen und herbeirufen.

4. Weitere biblische Angebote, die wir uns beim Gebet um Heilung zunutze machen können

4.1 Sprich zum Berg der Krankheit

Jesus spricht uns zu: **Habt Glauben an Gott! Denn wahrlich, ich sage euch: Wenn jemand zu diesem Berg** (der Krankheit) **spricht: Hebe dich und wirf dich ins Meer! und in seinem Herzen nicht zweifelt, sondern glaubt, dass das, was er sagt, geschieht, so wird ihm zuteilwerden, was immer er sagt** (Markus 11,22b–23).

Ist das nicht ein starkes Angebot, dass wir zu den Bergen unserer Krankheit glaubensvoll sprechen dürfen, dass sie sich ins Meer werfen sollen? Sollte sich der Berg (der Krankheit) nicht sofort wegheben, sprechen wir weiter befehlend zu ihm, bis er weg ist. Beachtenswert ist in diesem Vers auch die Aussage: Was du sagst, das geschieht, und dir wird zuteilwerden, was immer du sagst. Deshalb achte sehr darauf, was du sagst. Du kannst dich mit deinen Worten in Sieg oder Niederlage, in Heilung oder Krankheit hineinsprechen.

Im folgenden Vers fügt Jesus noch eine sehr beachtenswerte Zusage hinzu: **Darum sage ich euch: <u>Alles</u>, was ihr auch immer im Gebet erbittet, glaubt, dass ihr es empfangt** (oder: empfangen habt), **so wird es euch zuteilwerden** (Markus 11,24).

Das bedeutet zusammengefasst: Lerne, mutig und im Glauben zu deinem Krankheitsberg zu sprechen, und glaube, dass du deine Heilung empfängst (genaugenommen empfangen hast). Unser logisch denkender Verstand (die Seele) muss sich bei diesem Vorgehen ganz schön dem Glauben (dem Geist) unterordnen!

Es ist aber der Glaube eine feste Zuversicht auf das, was man hofft, eine Überzeugung von Tatsachen, die man nicht sieht (Hebräer 11,1).

Ohne Glauben aber ist es unmöglich, ihm wohlzugefallen; denn wer zu Gott kommt (um Heilung zu erhalten), **muss glauben, dass er ist und dass er die belohnen wird, welche ihn suchen** (Hebräer 11,6).

4.2 Widerstehet dem Teufel, so flieht er

Jesus kam, um uns zu erlösen, also um uns unsere Sünden zu vergeben und um uns zu heilen. Der Teufel dagegen kommt, um uns zu belügen, uns durch Krankheiten zu zerstören und uns möglichst zu töten (siehe Johannes 10,10).

Doch Jesus kam, um die Werke des Teufels zu zerstören (siehe 1. Johannes 3,8).

Und er spricht uns zu: **Siehe, ich gebe euch die Vollmacht, auf Schlangen und Skorpione** (= krankmachende Mächte) **zu treten, und über alle Gewalt des Feindes; und nichts wird euch in irgendeiner Weise schaden** (Lukas 10,19).

Jesus hat bei seinem Wirken auf Erden mehrmals erst einen Geist der Schwäche, der Krankheit, der Blindheit etc. ausgetrieben (z. B. in Lukas 9,42) und im nächsten Schritt die Kranken geheilt. Jetzt hat Jesus seine Vollmacht und den Auftrag, Dämonen auszutreiben und die Kranken zu heilen an uns, seine Jünger, übertragen.

Bei vielen Krankheiten – besonders oft bei solchen, die medizinisch nicht heilbar sind –, können krankmachende Geister der Auslöser sein. Durch Jesus in uns und in seinem Heilungsauftrag haben wir (seine Jünger) Vollmacht, diese krankmachenden Mächte zu entmachten und auszutreiben. Im nächsten Schritt sprechen wir den Kranken im Gebet Heilung zu.

Wir haben in vielen Fällen Heilungen erlebt, nachdem wir im Namen Jesu Christi Geister von Allergien, Arthrose, Diabetes, Krebs, Migräne, Skoliose, Tinnitus u. a. gebunden und ihnen befohlen haben, die kranke Person zu verlassen. Im zweiten Schritt haben wir im Namen Jesu den Kranken Heilung zugesprochen bzw. die Heilung freigesetzt.

Manche Menschen sind in ihrer Krankheit, z. B. Krebs, wie gefangen. Jesus sagt von sich, er sei gekommen, um Gefangene zu befreien (siehe Lukas 4,18). Wir können Jesus bitten, mit uns zu dem Gefängnis zu kommen, wo die kranke Person von Mächten
(z. B. Mächten von Krebs) gefangen gehalten und bewacht wird. Wir bitten dann Jesus, die Gefängniswärter zu entmachten, die Gefängnistüren zu öffnen und die gefangene Person in die Freiheit hinauszuführen. Wir erinnern uns: Jesus kam, **um die Werke des Teufels zu zerstören** (1. Johannes 3,8 HFA).

4.3 Rufe dem, was nicht ist, dass es sei

Gott ist ein schöpferischer Gott, der dem ruft, was nicht ist, dass es sei (siehe Römer 4,17).

Abraham glaubte, dass Gott ihm einen Sohn schenken werde, wo rein körperlich nichts mehr möglich war (siehe Römer 4,18) – und Gott handelte übernatürlich an Abraham und Sara.

Mit Jesus in uns dürfen wir wie er schöpferisch tätig sein und dem rufen, was nicht ist, dass es sei. Das heißt ganz praktisch: Im Glauben dürfen wir z. B. bei Rückenproblemen neue Bandscheiben und Wirbel herbeirufen, bei Arthrose rufen wir neue Knorpelmasse in die Gelenke, neue Nerven, neue Drüsen und Herzfunktionen – und so weiter. Unsere Logik hat gewisse Mühe mit dieser Art des Betens. Aber wie schon erwähnt haben wir sehr erfreuliche Erfahrungen gemacht, wenn wir im Namen Jesu so um kreative Wunder gebetet haben. Denn göttliche Heilung ist ja ein Gnadengeschenk aus der übernatürlichen Welt.

Allerdings waren wir damit nicht immer erfolgreich – der Wind des Geistes Gottes weht, wo er will.

Offenbar liegen im Himmel Heilungsgeschenke bereit, die wir herbeirufen dürfen (denk an das himmlische Ersatzteillager). Wir glauben: Je mehr der Heilige Geist sich in einer Atmosphäre von Anbetung, Liebe, Einheit, Wertschätzung, Glaube und Dankbarkeit wohlfühlt, umso mehr werden wir solche Heilungs-Gnadengeschenke erfahren. Das ermutigt uns, weiterhin dem zu rufen, was nicht ist, dass es sei.

5. Über allen Krankheitsnöten dem Herrn danken, dass er gern heilt, und ihn preisen

David sagt: **Lobe den Herrn, meine Seele, und vergiss nicht, was er dir Gutes getan hat! Der dir alle deine Sünden vergibt und heilt alle deine Gebrechen** (Psalm 103,2–3).

Weil sich der Himmel öffnet, wenn wir dem Herrn Dank und Lob darbringen, sollten wir unsere Bitten um Heilung nicht damit beginnen, dass wir dem Herrn alle unsere Nöte vorjammern. Vielmehr sollten wir am Anfang unserer Gebete dem Herrn danken und ihn anbeten.

Paulus bestätigt das: **Sorgt euch um nichts; sondern in allem lasst durch Gebet und Flehen mit Danksagung eure Anliegen vor Gott kundwerden** (Philipper 4,6).

Stell dir vor, du trittst dankend und lobend in den Thronsaal Gottes ein, wo du in der Atmosphäre seiner Herrlichkeit ganz leicht, einfach im warmen Liebesstrom seiner Gnade, übernatürlich geheilt wirst.

Geht ein zu seinen Toren (Orte der Heilung) **mit Danken, zu seinen Vorhöfen mit Loben; dankt ihm, preist seinen Namen!** (Psalm 100,4)

Danke dem Herrn, dass er so willig ist, dich aus lauter Gnade zu heilen, auch wenn du rein äußerlich noch nicht geheilt bist. Lass dir auch kein schlechtes Gewissen machen, wenn du noch nichts oder nicht viel davon spürst, denn Heilung ist Gnade und nicht etwas, das man sich verdienen könnte. Doch lebe mit einer großen Glaubenserwartung, die auf die

Heilungszusagen im Wort Gottes gegründet ist. In dieser Haltung der Zuversicht betest du den Herrn an und bringst deine Bitten mit Danksagung vor seinen Gnadenthron (siehe Philipper 4,6; Hebräer 4,16).

Die Engel rufen dir zu: **Kommt, lasst uns dem HERRN zujubeln und jauchzen dem Fels unsres Heils** (auch dem Fels deiner Heilung)! **Lasst uns ihm begegnen mit Lobgesang und mit Psalmen ihm zujauchzen!** (Psalm 95,1.2)

Sprich voll Dankbarkeit über all das Gute, das du mit dem Herrn schon erlebt hast (siehe Psalm 103,1–2), und sprich ihm auch dein Vertrauen aus bezüglich deiner Zukunft (siehe Psalm 103,3–22). Wenn du Kinder hast, sprich auch mit ihnen darüber, welche Geschenke du von Gott bekommen hast und welche Wunder du mit ihm erlebt hast (und lass sie erzählen, was sie mit Gott erlebt haben). Bete regelmäßig für sie und mit ihnen.

Wer Dank opfert, der ehrt mich, und wer seinen Weg recht ausrichtet, dem zeige ich das Heil Gottes! (und die Heilung; Psalm 50,23).

6. Komm voll Vertrauen zu den besonderen Geschenkangeboten Gottes

Der Vater im Himmel ist voller Liebe; er möchte uns ständig mit Gutem beschenken. Im Wort Gottes finden wir seine Angebote, womit er uns beschenken will; diese Geschenke können unserer Heilung sehr förderlich sein.

6.1 Jesu Gnade

Jesus ist unser Hohepriester, er tritt für uns ein, wenn wir Nöte oder Krankheiten haben. **Denn wir haben nicht einen Hohenpriester, der kein Mitleid haben könnte mit unseren Schwachheiten, sondern einen, der in allem versucht worden ist in ähnlicher Weise wie wir, doch ohne Sünde. So lasst uns nun mit Freimütigkeit hinzutreten zum Thron der Gnade, damit wir Barmherzigkeit** (und Heilung) **erlangen und Gnade finden zu rechtzeitiger Hilfe** (Hebräer 4,15–16).

Wir wurden nicht nur aus Gnade errettet und haben aus Gnade Sündenvergebung empfangen, sondern wir dürfen und sollen mit allen Nöten und Krankheiten voll Vertrauen zum Thron der Gnade kommen, um übernatürliche Hilfe zu empfangen. Erbitte und erwarte den Strom seiner heilenden Gnade (= unverdiente Heilungsgeschenke) für Leib, Seele und Geist.

Stell dir vor, du verbringst eine ungestörte Zeit ganz nah bei Jesus vor dem Thron der Gnade und nimmst von seiner Fülle Gnade um Gnade, d. h. Heilungskraft und Heilungsgeschenke, bis hinein in die hintersten Winkel deiner Person und der Krankheit. Empfange dies alles ganz real – jetzt: „Danke vielmals, lieber Herr Jesus." Petrus fordert uns auf, ein Gnadengeschenk-Empfänger zu sein: **Setzt eure Hoffnung ganz auf die Gnade** (1. Petrus 1,13).

6.2 Hilfe durch den Heiligen Geist

Bitte um eine neue, noch tiefere, ständig zunehmende Taufe im Heiligen Geist. Bitte auch um eine Taufe mit heiligem Feuer, sodass du neu brennend wirst für Jesus und für sein Reich. Jesus hat gesagt: **Ich bin gekommen, ein Feuer auf die Erde zu bringen, und wie wünschte ich, es wäre schon entzündet** (Lukas 12,49).

Ja, Herr, ich bitte für mich um die Gabe der Heilungen und um dein heilendes Feuer, das alle kranken Bereiche in mir wegbrennt. Ich erbitte und wünsche, dass du, lieber Herr Jesus, bezeugt, gesehen und verherrlicht wirst durch die Heilung, die du mir schenkst, und durch weitere Gnadengeschenke.

Auch unser Land braucht dein Erweckungsfeuer, ein Feuer, das nicht mehr zu löschen ist. In dem allem sei dir aller Dank und alle Ehre!

Du könntest darum beten, dass dein Brennen für Jesus in Zukunft vermehrt begleitet ist von Zeichen, Wundern und Heilungen, so dass du ein glaubwürdiger, leidenschaftlicher Zeuge Jesu bist – indem andere deinen vorbildlichen Lebensstil sehen und deshalb viele Menschen Jesus als Herrn ihres Lebens annehmen möchten.

6.3 Die heilende Kraft des Leibes und Blutes Jesu

Der Leib und das Blut Jesu reinigt uns und bahnt einen Weg für göttliche Heilungskräfte, die seelische und körperliche Heilung bewirken. Das ist schwer zu erklären und nicht leicht zu verstehen; aber auch dazu gibt es gute Bücher. Wir empfehlen, so oft wie möglich – am besten täglich – das Abendmahl zu nehmen.

Rühme die Macht des heilenden Leibes und Blutes Jesu, die die Kraft haben, dich von allen krankmachenden Kräften und Einflüssen zu reinigen und zu heilen.

Auch im Abendmahl erleben wir die zwei Seiten des Kreuzes: Du kommst in deiner Vorstellung zum Kreuz, dem Ort des Sieges und der Heilung. Dort ist Jesu Blut geflossen, auch für deine Befreiung und Heilung. Vom Kreuz Jesu, wo sein Blut floss und wo er alle Krankheiten besiegt hat, holst du jetzt im Glauben deine Heilung ab. Sage Jesus immer wieder Dank für die heilende Kraft des Leibes und des Blutes Jesu.

6.4 Streck dich aus nach Jesu Herrlichkeit

Jesus sagt in Johannes 17,22 zu seinem Vater: **Und ich habe die Herrlichkeit, die du mir gegeben hast, ihnen** (seinen Jüngern, also uns) **gegeben.**

Jesus war auf der Erde von Gottes Herrlichkeit erfüllt; die gab er dann an seine Jünger weiter. Gottes Herrlichkeit zeigte sich als die liebende, wunderwirkende und heilende Kraft Gottes.

Erbitte, erwarte diese Herrlichkeit Gottes und öffne dich völlig dafür. Sie erscheint besonders, wenn wir Jesus verherrlichen und ihn mit unserer ganzen Person begehren, anbeten und ehren. Unter der Wolke der Herrlichkeit wirkt Gott in starkem Maße schöpferisch, übernatürlich, befreiend, versöhnend, heilend und schenkt uns Frieden und Gnade.

So dürfen und sollen wir Träger seiner Herrlichkeit sein. Unter der Herrlichkeit Gottes geschehen Heilungen ganz leicht und wie nebenbei.

In Jesaja 60,1-4 wird uns Gottes Herrlichkeit zugesprochen – uns persönlich, unseren Familien und Gemeinden, ja, ganzen Nationen, wenn wir sie voll Glauben begehren und ergreifen.

Deshalb bitten wir dich, Jesus: Entzünde uns und unsere Umgebung mit dem Feuer deiner Herrlichkeit und deiner Leidenschaft für uns selbst und für die Menschen in unserem Umfeld, die dich und deine Heilungskraft noch nicht kennen. Wir glauben und erwarten, dass wir unter der Wolke deiner Herrlichkeit auch bei uns starke Heilungen und Wunder erleben, wie es an anderen Orten bereits geschieht.

Jesus sagte zu Marta: **Habe ich dir nicht gesagt: Wenn du glaubst, wirst du die Herrlichkeit Gottes sehen?** (Johannes 11,40) Erwarte, dass Jesus das auch zu dir sagt. (Zu dem Thema „Heilung unter Jesu Herrlichkeit" empfehlen wir: Guillermo Maldonado, „Erlebe die Fülle der Herrlichkeit Gottes", Verlag Gottfried Bernard 2014.)

6.5 Engel als dienstbare Geister

In menschlich und medizinisch aussichtslos erscheinenden Umständen dürfen wir den Herrn um Hilfe durch seine Engel bitten. **Sind sie** (die Engel) **nicht alle dienstbare Geister, ausgesandt zum Dienst um derer willen, welche das Heil** (und Heilung) **erben sollen?** (Hebräer 1,14)

Wir hören immer wieder von Menschen mit Krankheiten, die durch Berührung von Engeln geheilt wurden oder im Traum von Engeln operiert wurden und danach geheilt waren.

Wir empfehlen, wenn es nötig ist, immer wieder Jesus um Engelshilfe zu bitten. In Psalm 91 steht: **Kein Unglück wird dir zustoßen und keine Plage zu deinem Zelt sich nahen. Denn er wird seinen Engeln deinetwegen Befehl geben, dass sie dich behüten auf allen deinen Wegen. Auf den Händen werden sie dich tragen, damit du deinen Fuß nicht an einen Stein stößt** (Psalm 91,10–12).

Das apokryphe Buch Tobias beschreibt eindrücklich das Wirken eines Engels als Lebensbegleiter, Ehevermittler und Heilung Bringender (die Spätschriften des Alten Testaments, auch Apokryphen genannt, finden sich in manchen Bibelausgaben wie der Luther-Bibel).

Ebenfalls in den Apokryphen lesen wir, wie den Makkabäern in einer schwierigen Kampfsituation ein Engel erschien; er zog vor ihnen her und verhalf ihnen zum Sieg (siehe 2. Makkabäer 11,6–8).

Wie wir zu echten Gebetserhörungen und Heilungserfahrungen durchbrechen

Wir dürfen und sollen vom Sieg Jesu am Kreuz her denken, sprechen und handeln und dann auch übernatürliche Durchbrüche erleben.

Dafür brauchen wir ein völlig verändertes Denken und Sprechen. Befreit von weltlichem, natürlichem und rationalem Denken, Erfahrungen, Prägungen und Handlungen.

Stattdessen denken, sprechen und glauben wir:

- Wir sind völlig erfüllt und bestimmt von dem, was das Wort Gottes sagt (siehe z. B. 1. Petrus 2,24).
- Wir denken und handeln im übernatürlichen Bereich.
- Wir haben durch Jesus in uns Autorität über negative Kräfte, Einflüsse und über Krankheiten.
- Wir leben aus einer Sieges- und Überwindermentalität.
- Wir erwarten in jeder Situation göttliche Lösungen.
- Wir leben in Erwartung von göttlichen Gnadengeschenken.
- In uns ist ein Bewusstsein, dass der Teufel ein besiegter Feind ist.
- Wir haben Zugang zu dem uns verheißenen Land, in dem Milch und Honig fließen und wir Zugang zu Heilung haben.
- Wir setzen unsere Füße in den Jordan, und er wird sich vor uns teilen.
- Wir sind mehr als Überwinder und haben Zugang zur übernatürlichen Welt.
- Wir sind zwar umgeben von Tatsachen, doch wir werden bestimmt von der Wahrheit des Wortes Gottes, von Jesus in uns, der die göttliche Wahrheit ist und vom Heiligen Geist, dem Geist der Wahrheit.

Beispiel: Wirkungsvoll um Heilung beten

Wenn wir glauben, dass Jesus heute wie damals alle Menschen gerne heilt, die ihn darum bitten und wenn wir vom schon errungenen Sieg Jesu über die Krankheit her denken, werden wir etwa so beten (siehe 1.Petrus 2,24):

Danke, lieber Herr Jesus Christus, dass du am Kreuz alle Krankheiten und Krankheitseinflüsse und Kräfte völlig besiegt hast. Ich preise jetzt deinen Sieg auf Golgatha über den noch vorhandenen Krankheitssymptomen. Ich danke dir, Jesus, dass du starke Kräfte, Ströme, Strahlen und Schwingungen der Heilung frei gesetzt hast, die sich jetzt heilend über der Krankheit auswirken. Ich empfange jetzt das Gnadengeschenk der Heilung und Befreiung von Schmerzen und krankmachenden Kräften. Ich stehe mit dir, Jesus, auf der Siegerseite und auf der Seite der übernatürlichen, göttlichen Heilung. Ich danke dir, dass ich jetzt vom Strom heilender Kräfte durchströmt werde und damit meine Heilung empfangen habe - denn alles ist möglich, dem der glaubt (siehe Markus 9,23), d. h. der an göttliche Heilung glaubt. Mit einem kindlich glaubenden Geist und Verstand habe ich jetzt meine Heilung in meinem Körper und in meiner Seele empfangen. Danke für dieses Leben in der Kraft des Königreiches Gottes in mir. Danke Jesus, du hast die Krankheit und die Schmerzen auf dich genommen, durch deine Wunden bin ich geheilt. Danke, dass mein kindlicher Glaube, meine Danksagung für den Sieg Jesu am Kreuz und der Strom der Gnade vom Himmel die vollständige Heilung bewirkt hat.

Zusammenfassung

Die Hauptsache ist, fest im Glauben an Jesus zu leben. Jesus ist der Heiler. Rechne fest damit, dass Jesus dich heilen will und durch dich auch andere Menschen. Hier nochmals die Kernaussagen in Kürze; wir empfehlen dir, die aufgeführten Bibelstellen nachzulesen, wodurch dein Glaube an Heilung weiter gefestigt wird.

1. Jesus, dein Erlöser und dein Heiler, wohnt in dir. Als du Jesus als deinen Herrn angenommen hast, wurdest du wiedergeboren und in die Familie Gottes aufgenommen. Jesus in dir heilt heute noch genauso wie damals, als er auf der Erde war (siehe Hebräer 3,18; Matthäus 9,35; Markus 1,40; Matthäus 10,1.8;
Johannes 8,31; Markus 16,15-18; 2. Mose 15,26; 3. Johannes 2).

2. Als ein Jünger Jesu bist du von Jesus bevollmächtigt und beauftragt, gebundene Menschen zu befreien und Kranke zu heilen (siehe Matthäus 10,1.7-8; Markus 16,17-18; Lukas 9,1-2; Lukas 10,19; Johannes 14,12).

3. Lebe mit den Zusagen des Wortes Gottes. Nicht was du fühlst und denkst und was andere Menschen meinen und sagen, ist entscheidend, sondern was das Wort Gottes zu Heilung sagt, das ist die Wahrheit. Jesus in dir und das Wort Gottes in dir festigen deinen Glauben (siehe Johannes 15,7; Römer 10,17; Johannes 14,14; Johannes 16,23; 1. Petrus 2,24; Psalm 103,3).

4. Erbitte und erwarte die Fülle und Kraft des Heiligen Geistes. Strebe nach der übernatürlichen Fülle und Kraft und Herrlichkeit des Himmels. Erbitte und erwarte immer mehr die Gnadengeschenke Gottes (siehe Apostelgeschichte 1,5.8; 1. Korinther 12,9; Johannes 14,12; Apostelgeschichte 2,4; Matthäus 28,18–20; Offenbarung 5,10).

5. Widerstehe dem Teufel, der uns angreift, uns krank machen und umbringen will. Jesus ist gekommen, die Werke des Teufels zu zerstören. Durch den Sieg am Kreuz hat Jesus dir Vollmacht gegeben, dem Teufel zu widerstehen. Gebrauche deinen Schutz und deine Waffen: die Waffenrüstung Gottes, das Wort Gottes, den Namen Jesu, die Kraft des Kreuzes, Anbetung, deine Vollmacht, das Blut Jesu, Engelshilfe (siehe Hiob 2,7; Apostelgeschichte 10,38; Matthäus 10,1; Lukas 9,1; Lukas 10,19; Markus 16,17).

6. Tritt bewusst ein in die Dimension des Glaubens an Heilung durch Gebet. Betrete bewusst den Raum der Gegenwart und Herrlichkeit Gottes, wo Jesus dir alles als Gnadengeschenk anbietet. Was gibt es da als Geschenk? Gottes Liebe, körperliche und psychische Heilung, Heiligung, Erlösung, Weisheit, Glaube, Sündenvergebung, neue geistliche und körperliche Herzen, ein völlig neues Leben – Leben in Fülle – und vieles mehr (siehe Johannes 3,16; Römer 10,9–11.13; 1. Johannes 5,12; Johannes 10,10; 1. Korinther 1,30; Epheser 1,7; Galater 3,13; Apostelgeschichte 2,21; Epheser 2,8–9).

7. Sprich die Sprache des Glaubens. Tritt bewusst heraus aus Unsicherheit, Infragestellen, Zweifeln und Jammern. Lebe mit den Zusagen des Wortes Gottes, bis sie in deinem Herzen zur inneren Gewissheit geworden sind. Sprich nach einem Gebet um Heilung aus: „Ich habe jetzt meine Heilung empfangen." Glaube nimmt und handelt. Das heißt, du versuchst, etwas zu tun, was dir vorher nicht möglich war. Das ist Glaube in Aktion.

Stimme ein ...

in den Lobgesang, den Israel in einer der schwierigsten Kriegs- und Kampfsituationen gesungen hat (siehe 2. Chronik 20,21),

in Davids Lob- und Danklied (siehe 1.Chronik 16,34),

in Davids Lob- und Bekenntnislied (siehe Psalm 118,1.29),

in das Lied bei der Tempeleinweihung, als Feuer und die Herrlichkeit Gottes vom Himmel fiel (siehe 2. Chronik 7,3).

Das Volk Israel betete den Herrn vor allem an mit dem Satz: **Danket dem Herrn, denn er ist gut und seine Gnade währet ewiglich.** Das empfehlen wir dir auch. Bete über deiner schwierigen Krankheitssituation oder über sonstigen unlösbar erscheinenden Umständen den Herrn an mit **Dankt dem Herrn, denn er ist gütig, ja, seine Gnade währt ewiglich** (Psalm 118,1 u. a.).

Zum Abschluss das Wichtigste

Es ist wunderbar, wenn wir auf Gebet hin Heilung erfahren dürfen. Ebenso sind wir begeistert, Zeugnisse von Menschen zu hören, die nach Gebet geheilt wurden.

Doch die Aussage „Hauptsache gesund" stimmt so nicht, es muss heißen: „Hauptsache, Jesus, dein Erlöser und Heiler, lebt und wirkt in dir."

Wichtiger als körperliche und seelische Heilung ist, dass unser Name im Buch des Lebens steht und dass wir die Ewigkeit mit Jesus im Himmel verbringen werden. **Deshalb hat der Vater seinen einzigen, geliebten Sohn für uns in den Tod gegeben, damit jeder, der an ihn glaubt, das ewige Leben hat und nicht verloren geht** (nach Johannes 3,16).

Dein Leben mit Jesus

Wer den Schritt der Hingabe an Jesus noch nicht vollzogen hat, dem empfehlen wir wärmstens, ja, wir bitten ihn, dies mit folgendem Gebet zu tun:

Jesus Christus, du Sohn des allmächtigen Gottes, du bist für meine Sünden und zu meiner Errettung gestorben, begraben worden und von den Toten auferstanden (siehe 1. Korinther 15,3–4).

Ich danke dir, dass ich dir jetzt mein altes, sündhaftes, unerettetes Leben geben darf, um durch deinen Tod und deine Auferstehung als eine neue Schöpfung zu einem neuen Leben auferstehen zu dürfen. Ich nehme dich jetzt als den Herrn meines Lebens an.

In großer Dankbarkeit trete ich ein in die Familie Gottes, als ein Sohn bzw. eine Tochter des Vaters und als ein Miterbe Christi. Damit wohnst du, Jesus Christus, als mein Heiler in mir.

Ich glaube, dass ich damit errettet und wiedergeboren bin und mit Jesus Christus die Ewigkeit im Himmel verbringen werde. Danke, Jesus, danke für diese große Gnade. Danke!

Literaturverzeichnis

Bücher zum Thema Heilung
von Dr. Christoph Häselbarth:

Heilung – Wie wir um Heilung beten können
Verlag Gottfried Bernard 2001,
ISBN 978 3 925968 86 0,
erhältlich auch beim JOSUA-DIENST E.V.

Heilung – Das göttliche Geschenk annehmen und weitergeben
Verlag Gottfried Bernard 2011,
ISBN 978 3 941714 15 1,
erhältlich auch beim JOSUA-DIENST E.V.

Leben als Gewinner – Heil und Heilung zu bekommen ist einfach
Verlag Gottfried Bernard 2009,
ISBN 978 3 938677 28 5,
erhältlich auch beim JOSUA-DIENST E.V.

Praktische Ratschläge für Gebet um Heilung
KIE-Media 2013
erhältlich beim JOSUA-DIENST E.V.

Aus Gnade leben
Verlag Gottfried Bernard 2013,
ISBN 978 3 9417 30 4,
erhältlich auch beim JOSUA-DIENST E.V.

von Dr. Christoph Häselbarth und Dr. Peter Riechert:

Wie wir geheilt werden können
Verlag Gottfried Bernard 2000,
ISBN 978 3 394771 02 4,
erhältlich auch beim JOSUA-DIENST E.V.

Weitere empfohlene Medien

Christoph Häselbarth, Zur Freiheit berufen
Verlag Gottfried Bernard 2001,
ISBN 978 3 925968 94 5
erhältlich auch beim JOSUA-DIENST E.V.

Michael Herwig, Komm zum Kreuz
Schleife Verlag 2009,
ISBN 290 6 59874 0008,
erhältlich auch beim JOSUA-DIENST E.V.

Wilkin van de Kamp, Die sieben Wunder des Kreuzes
Asaph 2014,
ISBN 978 3 98161461.

Guillermo Maldonado, Erlebe die Fülle der Herrlichkeit Gottes – Sei ein Träger der Herrlichkeit Gottes
Verlag Gottfried Bernard 2014,
ISBN 978 3 941714 32 8,
erhältlich auch beim JOSUA-DIENST E.V.

Pfr. Ulrich Nellen, Jahwe Rapha – Bibelstellen zur Heilung
Audio-CD
erhältlich beim JOSUA-DIENST E.V.

Derek Prince, Segen oder Fluch – Sie haben die Wahl
Verlag Gottfried Bernard 2003,
ISBN 978 3 925968 35 8,
erhältlich auch beim JOSUA-DIENST E.V.

Michael Kienapfel, Freiheit, Dynamik und Vitalität durch die Kraft der Wahrheit Gottes
KIE-Media 2013,
ISBN 978 3 944768 00 7,
erhältlich auch beim JOSUA-DIENST E.V.

Dr. Caroline Leaf, Wer hat mein Gehirn ausgeschaltet
Überwinder Verlag,
ISBN 978-3-944038-05-6

Robert Henderson, In den Gerichtssälen des Himmels wirken
HIS Ministries,
ISBN-13 978-3981760309
erhältlich auch beim JOSUA-DIENST E.V.

Bezugsquellen

JOSUA-DIENST E.V.
Strittmatt 49
D-79733 Görwihl
Tel: (0049) (0)7754 – 929 96-0
shop@josua-dienst.de
Online-Shop: www.josua-dienst.de

**Christliche Bücherstube
im Verlag Gottfried Bernard**
Postfach 190133, D-42701 Solingen
Stresemannstraße 9, D-42719 Solingen
Tel. (0049) (0)212 – 230 8700
Fax (0049) (0)212 – 319 221
E-Mail: Verlag.GottfriedBernard@t-online.de
Online-Shop: www.gbernard.de

Amazon
Online-Shop: www.amazon.de

Dieses Buch ist unter Amazon auch als **Kindle-ebook** erhältlich unter dem gleichnamigen Titel.

www.ingramcontent.com/pod-product-compliance
Lightning Source LLC
Chambersburg PA
CBHW071302040426
42444CB00009B/1830